鄭向恆著

文學叢刊

鄭向恆遊記

文史哲出版社印行

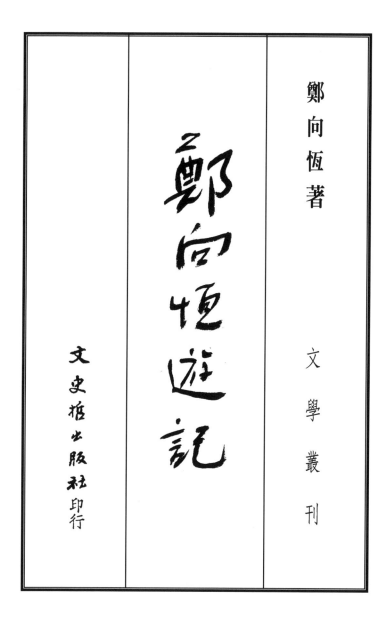

國家圖書館出版品預行編目資料

鄭向恆遊記 / 鄭向恆著. –初版. -- 臺北市：
文史哲, 民 80
頁：公分. --（文學叢刊；184）
ISBN 978-957-549-669-2（平裝）

1.世界地理 – 描述與遊記

719.85　　95008900

文學叢刊 184

鄭向恆遊記

著者：鄭向恆
出版者：文史哲出版社
http://www.lapen.com.tw
e-mail：lapen@ms74.hinet.net
記證字號：行政院新聞局版臺業字五三三七號
發行人：彭正雄
發行所：文史哲出版社
印刷者：文史哲出版社
臺北市羅斯福路一段七十二巷四號
郵政劃撥帳號：一六一八〇一七五
電話 886-2-23511028 · 傳真 886-2-23965656

實價新臺幣三八〇元

1991 年（民八十）八月華欣初版
2016 年（民一〇五）六月 BOD 初版四刷

ISBN 978-957-549-669-2　08184

向恆學會

動靜得宜

陳立夫

八二十三

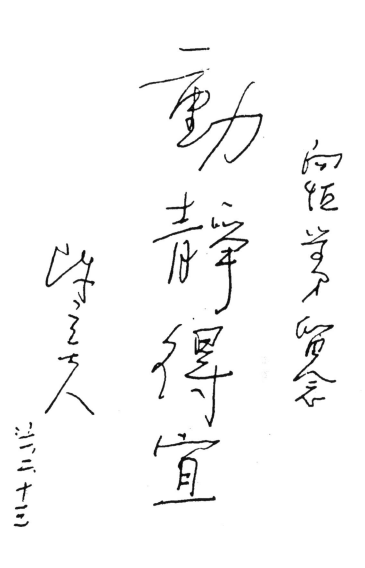

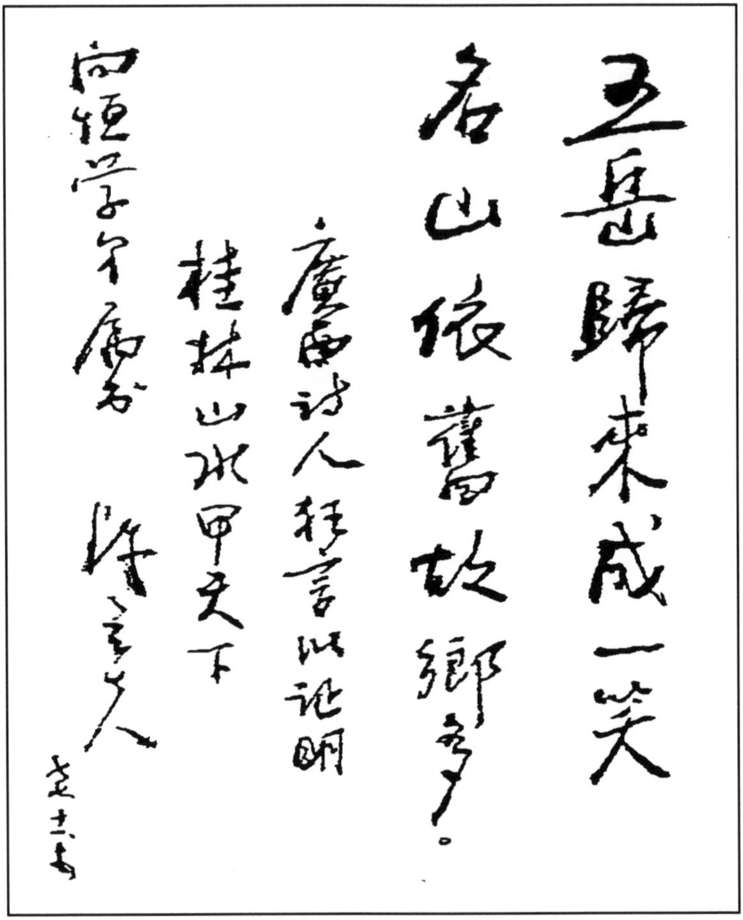
五岳歸來成一笑
名山依舊故鄉多。
廣西詩人狂言以證明
桂林山水甲天下
向恒學弟屬
陳立夫

陳立夫先生墨寶「五岳歸來成一笑，名山依舊故鄉多。」廣西詩人狂言以證明桂林山水甲天下。向恆學弟屬書。陳立夫。

長城遊踪

灕江山水

桂林之駱駝山

民國七十七年五月於韓國奧運會會場

一九九〇年二月留影於南京

一九九〇年二月留影於南京中山陵

作者夫婦與居住南京姑父（左一）中山陵留影

民國七十二年二屆中韓作家遊韓俗离山留影

民國七十五年獲頒贈國國文藝協會散文獎

作者與副總統謝東閔合影

民國 80 年立公（陳立夫）為大陸河北師院出版
「元曲大成」題辭。

序

薛毓麒

鄭向恆教授是讀萬卷書，行萬里路的一位學者。她潛心於中國文學，博覽羣書，古籍今著，無不研讀。任教於中國文化大學，並曾在韓國釜山東亞大學講學，培植了兩國許多人才。鄭教授並以餘暇，遊歷海峽兩岸我國名山大川，遍訪名勝古蹟，亦曾遠赴海外，周遊列國，足跡及於亞洲鄰邦，以至於歐洲、美洲、且深入非洲大陸。每到一處，所見既廣，觀察亦深，並及於各地風俗人情、歷史傳統、文化藝術，良謨新猷，以是收獲宏富。

鄭教授每次出遊，均將所見及心得，寫成遊記，在國內各大報紙和雜誌發表，以饗讀者。由於她的文學素養，每篇報導，文筆流暢優美，使讀者不能釋手；兼以內容豐富，更使讀者好像曾與她同遊，分享了她的所見和心得。

鄭教授曾將歷次發表的遊記，收集編印成書，過去曾出版了「海闊天空」、「歐遊心影」、和「半個地球」。讀者一冊在手，可以一覽無遺，不待「下回分解」

，實在是一大享受。因此上述各書出版後，人相爭購，洛陽紙貴。最近鄭教授又將其近作多篇，集印成書，名爲「鄭向恆遊記」，由華欣文化事業中心出版。內容分爲國內及國外兩部，都是精采文章。因其中有兩篇記述鄭教授訪韓國時，正值我在韓國擔任外交工作，與我暇談的情形，所以鄭教授特在出版前，先將書稿送我閱讀，我在迅速讀完後，將我所感，寫成此一短文。

民國八十年五月四日文藝節

目錄

國外篇

國內篇

埔里到松崗

在好友阮鎭兄的遊說下，我們終於偷得浮生一日閒，飽覽了由埔里到松崗一帶的風光景物。

埔里位於本省中部，氣候溫和，民情樸實，鎭郊虎頭山嶺，適爲本省之地理中心，景緻優美，與附近之鯉魚潭相映成景。

佛光寺、鯉魚潭

一早從埔里出發，由阮鎭兄的學生李君駕車，向鄉間駛去。但見原來的羊腸小道都已鋪成柏油路，兩邊皆爲綠樹與蔗田，景緻怡人，空氣新鮮，不久登到位於半山腰的佛光寺。在此登臨遠眺，視野遼闊，有山城之稱的埔里皆爲蒼山所懷抱，而稻田河水，盡收眼底。

我們拾級而上，來到寺內。許多尼姑正跪在千手佛觀音前唸經，令人有脫俗離塵之感。寺內藏有大藏經全套，住持是湖南人，以前曾任公職，兒孫滿堂。自從蔣公過逝，夫人出國後，她看破紅塵，削髮爲尼，皈依佛門，迄今已十年。

據說這座寺，原是由香港來的樂果老法師所建。法師於民國七十一年去世，時年九十六歲。其靈骨供在寺旁的一座塔內，其上有「山中易尋千年樹，世上難逢百歲人」聯。（原聯前後句顚倒，不知何故？）

離開佛光寺，抄山間小路，車行約十五分鐘，來到了鯉魚潭，潭傍山而築，青山平靜地倒映於潭水之中，眞是湖光山色，美不勝收。加之潭中土堤兩旁的柳樹低垂，儼然西湖景。潭中的魚兒清晰可見，心想，如果在此潭中泛舟半日，徜徉於青山綠水之間，那凡塵俗念，必洗滌一空。

這眞是一個清新脫俗的地方，但願：「青山常在，綠水長流。」

虎子山到盧山

離開鯉魚潭，又特地繞道「山清水秀碑」、「虎子山」。「山青水秀碑」，原爲日據時代，日人所測量建立的台灣中心點。後來，經過專家重新測量，才將中心點正確位置，移至虎子山頭，而此碑改建爲山清水秀碑。其上有　蔣總統經國先生題字。四周爲一幽靜的公園，順著碑後的層層石階而上，可登虎子山頭。山上有一棵兩百年以上古松，有國醫黃冠云題詩：「長生訣要有眞傳，何必深山去學仙。虎頭攀登無懈日，筋強骨健且延年。」白底藍字，非常醒目，給登山半途而廢者鼓舞不少。

中午，我們在由埔里到霧社的途中，一家名爲「觀音山莊」的露天涼草棚下午飯。在此可吃到活蝦、山豬肉，以及新鮮香菇。其中一道菜名叫甘蔗尖炒肉，美味可口之至，後由主人免費招待喝「天霧茶」。這「天霧茶」是天仁茶場到霧社所培植的，是海拔二千多公尺山上的茶，一年只收四次，一兩四百元。老板娘特用泉水泡喝，眞是頰齒留香，終生難忘。套句廣告詞：「不一樣就是不一樣。」

午飯後繼續往霧社行駛，一路盡是蒼山峻嶺，山間溪谷。途經「人止觀」，曾是當年霧社抗日事件的險要之地。據說日本人死了很多，故謂之「人止觀」。

不久來到海拔一千二百公尺的盧山，此處以溫泉聞名，車呈S形環山而行，愈爬愈高，靠右邊往下看，可以俯視碧湖之景，路邊有一座由于右老所題的「介壽亭」。此亭建於民國四十八年，亭內懸有　先總統及夫人肖像，是先總統　蔣公曾於民國五十六年二月廿三日元宵節巡視清境農場時，駕臨此亭，欣賞湖光山色所拍，照片兩側題有「聖人心日月，仁者壽山河」聯。

亭外柱子上有左右兩聯，爲黃杰所題，其一爲：

山亭環勝境，盱衡景物，猶期人意共芳妍。
水壩峙中流，旋轉樞機，却使世歡增燦爛。

其二爲：

介壽爲序，橫貫爲路，使千秋懷功紀績，如瞻日月光華。
碧湖爲水，合歡爲山，歷百代毓秀鍾靈，不愧台澎景色。

介壽亭上外表鐫有百壽圖，匠心獨運，堪稱傑構。

在介壽亭留影數張後，登車繼續環山而行，海拔愈來愈高，氣溫亦愈來愈低。四周蒼山環繞，翠山連緜。不久來到隸屬於輔導會的清境農場。

清境之美

清境農場原名「見睛」農場，開創於先總統　蔣公。主要是安置接運來台之滇緬邊區國軍游擊隊幹部及國軍退除役官兵。從事栽培溫帶水菓及高冷蔬菜，並積極推展畜牧事業。農場風景優美，氣勢雄偉，空氣新鮮宜人，且多雲霧環繞，故有「霧上桃源」之稱。

於八月三日新開幕的清境賓館，爲一中西合併的二層建築物。館內皆現代化設備，有中、西餐廳，客房六十間，團體房十三間。大廳四周都是落地玻璃門窗，視野遼闊。廳內陳列各種盆景，庭園內花木扶疏，綠草如茵。假山瀑布，涼亭勝景，美侖美奐，爲國內風景地區所獨特之賓館。西餐廳四壁，正展出由台視記者余由紀所拍攝的「清境之美」影展。

原來他與清境農場已近二十年的感情，曾目睹它由荒山野林闢爲高山農場。如今又看著它憑著優越的自然條件，由純粹的農場經營轉變成一處引人入勝的旅遊勝地，內心深感欣慰，也曾拍下無數農場美景，茲值此「清境國民賓館」開幕之際，特拍製數十幅，利用新穎的油畫攝影方式，以「清境之美」爲題展示在這裏，以饗所有的貴賓。場內「青青草原」、「埔霧遠眺」、「翠綠層層」等十大景觀均呈現遊客眼前，心想這些照片如製成風景片，必是最佳的宣傳品。

清境農場辦公室前的廣場有一石碑，其上有先總統　蔣公所題的「毋忘在莒」四個大字，並有一個「大家來建設綠的環境」的標語；不知出自誰的手筆，頗有文藝氣息，我特地把它抄錄下來：

「大家來建設綠的環境
因爲它出產氧氣
淨化空氣
減少噪音
吸收塵埃
是廣闊的遮陽傘
是天然的冷氣機
有了它，我們才能生活在健康、美好而寧靜的環境中。」

在廣場上，巧遇一位曾在文化大學任教的陳教官，在退休後即來此場秘書處工作。他看到我們來遊，倍感親切，特介紹李副場長認識，並放幻燈簡報。隆情盛意，令人感動不已。

由簡報中，得知，李登輝先生任省主席時，非常重視這個農場。此地居民在生產條件的改善下，生活水準已日漸提高，（平均所得每戶一萬五千元），尤其高山蔬菜的生產量相當大，總產量三百餘萬公斤。果類如水蜜桃、蘋果、梨以及加州李子也都在積極推廣中。另外，在青青草原畜有牛一百多頭，羊六十頭，均來自紐西蘭。牛的顏色有純黑、咖啡、咖啡夾白色。

清境農場也提供了最好的露營場地，是接近大自然的最好環境。

看完簡報，我們又登車前往位於海拔二千公尺的松崗，一路經過「青青草原」「飄香果林」，愈爬愈高，四周青山起伏，白雲環繞。有登高望遠，身處仙境之感。不久那「青青草原」，盡在腳下，但見牛羊羣緩步在綠茵上，彷彿一幅大陸西北的風情畫。

博望新村攬勝

位於松崗的博望村，住了三十多戶來自緬甸、越南、泰國的反共義胞。廿多年來，他們在此成家立業，過著世外桃源的日子。

「要怎樣收穫，就怎樣栽。」如今，這塊綠地，在義胞們胼手胝足的努力耕耘下，已變成了他們的一筆財富。

秋季，正值新世紀梨的收成。一下車，義胞們就送上一大盤新鮮世紀梨，又大又甜，使我們立刻感染到豐收的喜悅與歡樂的氣氛。

在接待室的四壁上，懸掛了許多義胞們當年打游擊，抵抗共黨的歷史照片。還包括了阿卡族、擺夷族、傜族的小姐照片，雖是黑白照，却彌足珍貴。可惜文字說明不夠詳盡。

村長—彭啓祥的母親，彭劉貴珍老太太，是當年抗共的女中豪傑，她丈夫廿八歲死於抗日戰爭，她自己則善於射擊，堅強奮鬥，於民國五十年從泰國打游擊，千辛萬苦，來到此地。迄今，已渡過了廿多年山中歲月。目前已八十四歲高齡，由於年高德邵，於民國七十年十月六日當選爲第四屆中華民國模範老人，她的客廳內懸有「河山長壽」及「慈竹長春」的匾，以及　總理和先總統　蔣公的肖像。

問到彭老太太的長壽之道，他操著濃厚的雲南話說：

「我每天四點半起床，喝杯牛奶，開始慢走、慢跑、打太極拳……」

我想，在這個空氣新鮮的地方，人活到一百歲是無問題的。

這裏的義胞，雖然在此居住已廿年以上，但是鄉音未改，大陸西南各省的話，隨處可聞。充滿了濃郁的人情味。家家貼有對聯，每戶戶長的名字高懸在大門右上方，兩大排的平房，是一戶挨著一戶的，好像他們手拉著手，心連著心。兩排住家的中間，是一條筆直的小馬路。走到盡頭，視野突然遼闊，白雲青山盡在脚下。

在一平台上，有座綠頂紅柱的「靜覽亭」，和亭前的兩座紅色拱形小橋，相映成趣。第一座橋的前面有兩蹲石獅，左右橋柱上書有：「海天起祥雲，山開蓬島春。」的詩聯。另一座命名爲「博愛」的橋，築於民國七十三年，三月廿九日，係華僑所捐贈。橋頭各書：「博愛貫古今，愛心保平安。」的詩句。心想這兩座橋，恐怕是全台灣最高的人造橋了?亭子則爲博望新村所建。

站在「靜覽亭」遠眺，如同面對一大幅山水國畫，對面山峯雲海澎湃，千變萬化，又好像一幅潑墨畫。

巡視這座六角亭一周，六根大紅柱上，共有三幅對聯，面對山巒的是：「靜眺雲海漫山色，覽盡氤嵐暢胸襟，」其他兩幅是：「果蔬豐登滿箱簍。民生樂利眾諧盈」「悠然啖飲論耕經，但凡作息步吉亭。」亭子不大，文藝氣息甚濃。

亭的四周草坡上，點綴了不少粉紅色、棗紅色的波斯菊，迎風招展，煞是可愛。

為了對先總統　蔣公的懷念，義胞們在亭子的前面，塑永懷領袖銅像一座，係民國七十四年四月五日落成的。正象徵著　蔣公一生愛好自然，樂山樂水，不憂不懼的偉大胸襟。相信這裏的一草一木，在　蔣公的保佑下，成長再成長，茁壯再茁壯。

通過博愛橋，來到了一個小小「城隍廟」，內懸有巨幅「尚義則昌」橫匾，係輔導會鄭主任委員為元於民國七十四年八月所題。

廟內廟外均張貼許多對聯，從其中一幅：「聚首話鄉情，同懷故土。虔誠通默禱，惠我平安。」來看，充份發揮了義胞們重情感道義以及團結和諧的優良風氣。

（民國七四年十一月暢流半月刊）

從花蓮到屏東

我們文藝作家訪問團一行，應新聞局之邀，六月十二日上午參觀過花蓮大理石工廠後，用過午餐，旋即登車向台東方向出發。不久，車子奔馳在花東海岸公路上。公路傍山而築，左邊是一望無際的太平洋，碧波閃耀，景色宜人。每次旅行，我從不錯過任何大自然景觀。倚窗眺望，但見海水由淺綠而深綠而寶藍。白色的浪花輕拍着沿海的沙灘，像給海鑲了道銀邊。大自然是如此美好如畫，眞不愧是上帝傑作。

車繞着山路縈迴而行，忽高忽低，不知何時，來到山區瑞穗鄉的秀姑巒溪。溪流發源於中央山脈東側，秀姑巒山附近，長年累月地沖積，橫斷了海岸山脈，經由大港口入海。此處青山翠谷，綠水環繞，大大小小晶瑩圓滑的石頭，錯落有致地排列在谷底，任清流洗滌，和兩旁潔白如玉的岩壁，蒼松相映成趣，如巨幅山水國畫。我們在一瞭望平台休憩拍照，約卅分鐘，大大體會「振衣千仞岡，濯足萬里流」

滋味。

依依不捨離開了秀姑巒溪，續向台東西南山路行駛，四週盡是疊疊蒼峯翠巒，一片綠色世界，令人賞心悅目。不久從山腰蜿蜒而行，來到山腳濱海公路，蔚藍的天空，偶爾飄過幾片白雲，和碧海上偶爾濺起的浪花，正是藍白兩色相間，調和極了。突然，車在海邊停了下來，原來是有名的「三仙台」。我們捨車步行，來到這個由海水、陽光、沙土、珊瑚礁石等所構成的天然風景區。但見海面上，時有白色海鷗翱翔，給寧靜的畫面平添不少生趣。

提到三仙台，也有段淒美的故事。相傳以前八仙渡海來台時，呂洞濱和何仙姑跑到此地談戀愛，李鐵拐也尾隨而來，在島上窺視他們談情說愛。可惜事機不密，被守南天門的金光巨神所瞥見。憤怒之下，順手擲劍下砍，所幸沒有命中，却把山石一劈爲二。現島上的「仙劍峽」就是當時所留下來的。

這個故事，在東部流傳着。聽說在礁石的小徑道中散步，可以聽到海鷗唱歌，又可以欣賞洶湧澎湃如交響樂的海水聲。惜時間倉促，未能一飽耳福。

離開三仙台後，在夕陽餘暉中，抵達了以溫泉聞名的「知本」，在新聞局的安排下，我們全部下榻於東台觀光大飯店，此飯店靠山面水而築，內部設備齊全，除了擁有一百二十間套房外，另有一大型會議室。一樓則有豪華寬敞的接待室、咖啡廳等，特別一提的是一座天然溫泉泳池，招徠不少遊客。飯店門前，正在興建一座花園，園門口的一幅對聯題得好：「東山陽穴自然溫，台灣奇景美麗泉」，正是「東台」的寫照。

旅館附近名勝甚多，包括白玉瀑布、清覺寺、大峽谷以及森林遊樂區。其中以大峽谷，氣勢最爲雄偉。峽谷在溫泉上游兩公里處，斷崖削壁，林木葱翠，峽谷中多巨石奇岩，是國畫的最佳題材。有名的玉瀑布，像白練一樣，疾瀉而下，遠遠望去如白玉奔注，引人入勝。

七點多，在旅館的豪華餐廳，享受了一頓豐盛的晚餐（包括山地野味）後，文友們三五成羣地自由活動。有的散步，有的坐咖啡廳，有的回房間泡溫泉浴。提到溫泉的發現，可以遠溯到民國六年時，居住於附近的山胞，在掘地時，無意中發現的。後來，日本人動了生意經，在此建了賓館及公共浴場。可惜，迄今已快七十年了，這麼好的環境，却鮮爲外人所知，設使在日本，怕早已成爲遐邇皆知的名勝地了。

在知本一夜好睡，次日續向屏東行駛。此時，遊覽車上突然多了一位佳賓，經介紹才知是南迴鐵路工程處徐副處長，特地趕來與我們會合，並隨車簡報，眞是盛情可感。南迴鐵路工程，是我們此行參觀重點之一。「百聞不如一見」，要不是實地參觀，簡直不知其工程之浩大與艱鉅。

南迴鐵路是十四項重要建設之一。它開工於民國六十九年七月一日，起自屏東線枋寮站，終於台東線卑南站，全線長九十八公里二百四十八公尺，隧道三十四座，木橋四十座，車站十九座。全線預定七十九年十二月完工通車。

我們從知本下山，沿濱海公路行駛不久，再又環山而行，此地多高山峻嶺，氣勢宏偉。左邊則居高臨下，但見汪洋一片，浩浩蕩蕩，令人心曠神怡。我們邊欣賞風景，邊聆聽徐副處長的解說。他手握麥克風，不時指着窗外沿線的工程情形，告訴我們某處在架橋，某處在築路，某處在開隧道等施工進度。

眞是名符實的「行萬里路，讀萬卷書」啊！

尤其是正在施工的大武二號隧道及中央隧道，當我們頭頂膠盔，坐小台車進入隧道內參觀時，對那些化腐朽爲神奇的偉大工程，讚嘆不已。對那些背井離鄉，流血流汗，辛勤工作的工程人員，更是致十萬分的敬意。他們那種默默爲國家建設而努力奮鬥的精神，令人感動，更證實了在推行「勤儉愛國」的運動中，大家都爲了「美麗的明天」而貢獻心力。

大武隧道全長一千一百七十公尺，已完成五十四公尺，中央道隧全長八千零七十公尺，已完成二千三百五十公尺，約需六年完成。

此行，最大發現是東部土地資源豐富，加之風景秀麗，是值得拓展觀光事業的好地方。相信南迴鐵路完成後，當可朝此方向努力，屆時東部地區的繁榮，是可預見的。

正午時分，車子經過楓港，進入半島地區，轉到林邊鄉由榮工處在一間海鮮店招待午餐，享受了一頓價廉物美的海鮮，其中一部份取之於養殖場，（至少比台北便宜三分之一）。這家店生意興隆，吃客川流不息。正好遇到兩桌山地青年舉行慶生宴，他們每人手執大杯啤酒，猜拳罰酒，豪興十足。從他們古銅色的皮膚以及健壯的體格看來，屏東的太陽是夠烈的，原來這裏一年四季都是「艷陽高照」的好天氣。

我們席開四桌，酒醉飯飽後，和徐副處長道別，再又登車，馬不停啼地前往「三地門」，參觀山地民俗村。可惜只有茅舍數間，露天舞台一座，其他文物尚未充實。據說這裏包括七個族，相信落成後是頗具規模的。使我想到韓國民俗村，我曾先後參觀兩次，印象深刻。韓國民俗村，內容包羅萬象，除了靜態的房舍文物，還有動態的傳統技藝表演，譬如碾米、織布、燒窰、鐵匠、烹調、舞蹈、音樂、結婚儀式等。主要讓遊客知道韓國傳統生活習慣和精神文明。

不可諱言地，韓國的文化脈絡源於中國，然而韓人對於歷史文化和古風文物之重視，遠勝於我國。難能可貴的是民間的投資，使位於水原市的民俗村，如今成爲韓國最重要，也最是賺取外匯的觀光勝地了。

反觀我國，在這方面尚在起步，韓國的觀光事業，足可做我們的借鏡。

相信，南迴鐵路一旦完成，當可增加整體運輸之能量，幷促使西部之人口、文化以及工商業慢慢東移，尤其對於東部觀光事業的發展，自必發生巨大影響，吸引國內外遊客，乃意料中事，我們衷心樂盼其成。(民國七五年七月二日台灣新聞報)

金陵到石家莊

——加强海峽兩岸文化交流——

今年年初，我曾應邀赴大陸出席兩項會議；其一是在南京師範大學舉行之明清小說研討會；其二是在石家莊河北師範學院，所舉行之海峽兩岸元代戲曲研討會。收穫甚大，感觸亦深。

由於所接觸的人士，大都是學者專家、大學教授，無論私下聊天或公開討論，都認爲數千年的歷史，所累積的中華文化，自有其生存與發展的特性；否定中華文化，必定會失敗的。

只要我們的話題繞在傳統的小說、戲曲，總是談得投機，談得攏。有時爲了某問題的探討，各執己見，爭得面紅耳赤。但是不打不相識，反而縮短了彼此距離，使兩岸的學者，達到以「以文會友，以友輔仁」的目的。

記得，在南京師範大學（前金陵大學）的金陵明清小說研討會上，一位畢生從事俄國文學翻譯的學者戈寶權先生，以貴賓身份蒞臨大會開幕致詞。

他特別強調中國通俗小說在文學史上的地位，以及對整個社會所產生的影響；他雖然是研究西洋文學的，但是回過頭來，仍然肯定了中國通俗小說所涵蓋的中華文化與民族性。

同時，他又舉例說明中國常用的成語「任勞任怨」、「三十六計，走爲上策」，「清官難斷家務事」等成語，都是出自小說。

後來我們共進晚餐時，他在餐桌上又侃侃而談。

「要瞭解中國古代的歷史、地理、社會結構、民情風俗，非從小說著手不可。以西遊記來說，表面上寫孫悟空的無法無天，實際上是在描寫唐僧前往西方取經，克服萬難的吃苦耐勞的精神。這正是我中華民族的民族性；可惜現代的人，不能像祖先一樣的吃苦。玄奘的西行，在促進文化交流上，功不可沒，發生相當深遠的影響。

這位精通六國語言的國寶級人物—戈寶權先生，是莫斯科大學和巴黎大學的名譽博士，精通六國語言，眞可謂是飽學之士。如今已退休賦閑在家，如果能聘請到台北來教學，必能培養一些人才，不知這是否也是兩岸學術交流的實質做法？

在六天的硏討，以及名勝古蹟的參觀活動中，深覺中華文化的繼承與發揚，以及未來中國的前途，是每一位炎黃子孫所共同肩負的責任。

記得去年在北京所召開的「孔子二千五百四十週年誕辰紀念與學術國際性的討論會」，我國九秩高齡的陳立夫資政，曾提出一篇「儒家教育思想與我台灣經濟發展之關係」論文，受到與會三百餘人的一致好評。

正如立公所說：

「資本主義文化『重利而輕德』。共產主義文化，『重物而輕人』，惟有中華文化，『重人兼重德。』」這話眞是一針見血。

不可諱言地，我台灣經濟發展奇蹟，背後有股無形的力量，那就是儒家思想教育中，互助互愛，互信互存，重人兼重德的深厚的影響。

我也曾不厭其煩地告訴大陸學者：「中華民國台灣之所以社會安定，民生富裕，無不受到儒家思想的薰陶。以倫理道德爲主的儒家思想，自然發揮不忘本的精神」。已去世的電腦大王王安，就曾強烈地肯定：他從中國文化中所學到的爲人處世的態度與價值觀念，對他日後從事生意，有深厚的影響，因爲儒家所強調的行爲要端正，要有節制。

在研討會的惜別晚會中，我曾引吭高歌愛國歌曲：「我愛中華」，令人感動的是：大家都隨著歌曲的節奏，打著拍子；當我唱到……「開國五千年，五族共一家，中華兒女最偉大，爲民族，爲國家奮鬥犧牲絕不怕，」……時，我情不自禁地，熱淚盈眶，聽眾中亦有不少隨著感泣的，這眞是件刻骨銘心的事。這首歌是九年前，我徵召到陽明山莊接受革命洗禮時，所唱的一首歌。沒想到竟有一天能在南京派上用場。當時，眞恨沒有多印些歌詞發給大家（包括南京師範大學校長，教務長等）。

一曲終了，響起如雷掌聲，我意猶未盡，抓起麥克風發表了簡短的話：

「從歷史關係，血源關係，文化關係來看，台灣和大陸是不可分割的。在十二億炎黃子孫的心目中，中華文化，無論在台灣，在大陸，在海外，是根深蒂固的存在著。從五四運動到現在，中國人應有個覺醒，那就是中華文化和現代化，並不抵觸的……這次，我來到南京，正好大年初四，在姑媽家吃了年糕、年菜，也看到鄉下人門上，張貼了春聯。現在又恢復了年初二回娘家的習俗，可見傳統的文化，代代相傳，是無法消滅的。」

這番話，後來在河北石家莊的惜別晚會上，我也照講不誤。

記得，那晚，正是元宵節，旅館附近，河北博物館前的廣場，舉行了盛大的花燈大展。據說高懸了三千盞的花燈，和天上的明月，互相輝映。給冰天雪地的城市，帶來春節的氣氛。

在石家莊的六天元曲研討會上，白天宣讀論文，晚上座談。來自新疆的、四川的、山東的各大學教授們，聚集一堂，不是王實甫的「西廂」，就是關漢卿的「竇娥」，正是：「兩岸共話元雜劇，八仙聚會詠新章」。評劇名伶裴艷玲，現身說法，報告她的舞台生涯，她說：退休後，有兩件事要做，一是多讀書，二是多練毛筆字。她今年是四十五歲，曾以林冲夜奔，鍾馗嫁妹兩齣戲，風靡大陸。她當場揮毫，書寫一幅「何日共一曲，盡是故園情。」送給台北的代表們。從字裏行間可見藝人的心聲。

在會議結束時，我大筆一揮，在留言紀念簿上題了：「復興中華文化」幾個大字。後來再翻閱時，發現有人在上面加了「兩岸攜手」四個字。可見人同此心。據云今年二月間，在北京召開的「文化工作研討會」就是以「振興中華文化」爲其結論。可見兩岸同胞對中華文化的共識！

「振興」兩字，頗耐人尋思，韓國也是用「振興」兩字，也許有其積極性推進動力吧！

由於用字的不同，使我深覺到，今後兩岸要快速達到統一，恐怕所有的語彙，先得做一個統一的工作。如此，方能使彼此距離拉近。譬如：錄「影」帶，錄「像」帶，水「準」、水「平」、「面」紙、「手」紙、「國劇」、「京劇」等。甚至中文橫寫時，「從右到左，從左到右。」都應有所一致。

翻開歷史看，凡語言、文字統一的國家必有助於國家的興盛。

石家莊，自古以來就是中國南北交通要衝；市區保存了許多著名的名勝古蹟。當我們看到隆興寺，有著一千三百多年歷史，高達三十一米的銅像大佛，眞是讚嘆不已。有幾位從上海來的教授，也和我們一樣，第一次看到，可見中國之大之博。

他們還說開會其次，主要是藉此機會增加見聞，以收「行萬里路，讀萬卷書」之效。

這座名聞遐邇的千手觀音銅像，造型極佳，手當胸合十外，其餘各手分別執日、月、淨、瓶、寶鏡、金鋼杵等物，以示解救一切苦難眾生的威力。可惜，手臂在文革時，曾慘遭破壞，現已修復。

使我想到許倬云先生（中研院士）曾說：

「一個國家不怕亡國，但怕亡文化，亡國還可以復國，但亡文化就爲古代所說的亡天下，就什麼都亡了。」

在石家莊，最以我們祖先爲傲的就是趙州大石橋（又名安濟橋），它建於隋代，是由工匠李建所設計建造的。據說，這是世界上建造最早，跨度最大的單孔敞肩石拱橋，在世界建築史上，佔有光輝的一頁。「敞肩」就是在兩肩開了個小洞。主要是當河水漲開，衝擊力很大時，可以減少水流的壓力，同時又可減少自身的重量。是這橋的最大特點。

在石家莊北部正定縣內的「榮國府」，係根據「紅夢樓」中的描寫，所仿造的最大的一座貴族府第，大陸電視連續劇紅樓夢的許多鏡頭，就是此地拍攝的。

至於「批孔揚秦」，已成爲歷史名詞，現在他們不但不批孔，反而大大推崇孔子；這可從他們發行的孔夫子郵票，以及目前正在籌拍的「孔夫子傳」得到印證。

總之，中國文化，重視「公以顯德，誠以律己，仁以待人，中以處事，行以成物」以修己善羣爲依歸，是實事求是的。故其深厚的價值，不是任何暴力所能毀滅。

歸來後，接獲大批信件，包括各大學教授的手稿，他們很希望能在此地出版，讓他們窮一生的學術研究成果，能使海內外讀者看到。我想，除了這裏的教育程度比大陸高外，稿費也是重要原因吧！

學術，是需要彼此交流，彼此互切互磋的，譬如北京社科院出版的「文學遺產」，就希望得到此地學術界最新出版的資訊。

孔孟學會理事長陳立夫，就曾大聲疾呼：

「中華民族，擁有五千年歷史文化。共信共存，是海峽兩岸統一的基礎。」兩岸，都需要繼承和發揚我中華民族優良的傳統文化；衆所週知，國父三民主義的倫理、民主、與科學的思想，就是淵源儒家的「重人兼重德」的文化基礎，以及「以民爲本」，「以民爲貴」，以「民意」爲依歸的民主理想。

禮運大同篇的「天下爲公，選賢與能」正是民主的眞義。孔子所說的「有教無類」，正說明人人應有受教育的平等概念以及教育乃立國之本的道理。

如果海峽兩岸的人民，都有此共識而付諸實施，則「統一」的基礎才能穩固，進而達到中華文化統一中國的願望，則二十一世紀，將是中國人的世紀。

立公洞察先機，曾提出中國文化統一中國的口號。

我想：中華文化，是使十二億中國人，結合在一起，最高明的方法。

（民國七九年中華文化復興月刊二六九期廿三卷）

萬里長城萬里長

——長城隨筆——

去年二月間，趁應邀參加在石家莊河北師範學院所舉行的「元曲四大家研討會」之便，曾有天津、北京之行；在嚴冬的季節，看了不少四十多年來，所嚮往的故國山川風物。

遺憾的是在北京的長城之旅，由於氣溫驟降，大雪紛飛，汽車不易行駛，而予取消。

所幸十一月中旬，在出席南京大學所召開的「唐代文學國際研討會」之前，終於完成了登上長城的心願，彌補了上次的憾事。

十一月中，在北方，雖已入初冬，但是仍是萬里晴空，秋高氣爽的大好天氣。

十八日清晨，和外子殿魁及同行的沈謙、許應華二君，登上了預約的計程車，開始了我們的「長城之旅」。

車子經過長安街、天安門後，卽往西北方向駛去。一路來往車輛不多，馬路寬敞，由於司機的解說：方知各種汽車牌照字頭有不同顏色，大使車是黑字頭，當地車是綠字頭，普通車是白字頭，巴士車是紅字頭……但沒有私家車。到是路邊多的是自行車修理鋪子。

車行一小時後，好心的司機突然在路旁停了下來，原來這是有名的「沙河鎭」，係北京到長城必經之地。

司機指着窗外說：

「這兒有烤羊肉串，賣糖葫蘆的，柿餅的」。

沈君聽說有烤羊肉事，迫不急待地下車，一口氣吃了兩串烤肉，還買了要我們分享。

更稀奇的是此地有家沙河百貨商場，招牌是橫寫的繁體字，裝金的，非常醒目。在大陸看到這麼大的繁體字，令人感到特別親切。其實，爲了海外的中國人看懂中國文字，無論廣告也好，招牌也好，都應該用傳統的繁體字才對，這樣，才不致把「面粉」當做女人臉上擦的粉，因爲大陸簡體字把「麵」寫成面孔的「面」。

關於語言文字統一的問題，我曾在「金陵到石家莊」一文中提到，不再贅述。離開沙河鎮不久，途經連綿的丘陵區，原來這就是延慶縣居庸關北口。「八達嶺」三個大字已呈現眼前，可惜八達嶺的達字寫成达字，失去原來字的面目。「居庸關」是長城的重要隘口，氣勢雄偉。可惜，「不准吸煙」、「不可亂丟垃圾」的一類標語，隨處可見，大煞風景，中國人公德心之缺乏，由此可見。

登長城的入口處，但見人頭攢動，據說天天如此，門票一張五毛人民幣，因爲便宜，印得非常粗糙簡陋。舉世聞名的萬里長城圖片，却沒印在門票上，殊爲可惜。

售票附近，新建了一所公廁，門口有人收門票，一毛錢一張，入內但見潔淨光亮的鏡子上貼有八個大字：

「講究衛生，人人有責」。雖是繁體字，却有不協調之感。尤其一些洋人，一定百思不解，好好的鏡子，何以如此糟蹋？

廁所內有蹲式的或馬桶座的，如果是馬桶座的，門上就漆上一個巴掌大馬桶的圖樣，眞是有點「洋盤」，令人啼笑皆非。

其實，在此名勝古蹟地，築一現代化衛生設備，不是件難事，爲什麼等到舉行亞運才築呢？難怪有人說中國大陸第一件要大力改革的就是「廁所」。

到是售紀念品的攤販隨處可見，聰明的生意人，把許多歌頌長城的詩句，以及長城風光，印在T恤上，吸引不少觀光客，其中最長見的句子是：

「不到長城非好漢」

也有中英對照的。

另外是一首七絕：

「萬里長城跨羣峯，古塞出沒雲霧中，

足登頂峯低首望，疑是旅遊到天宮。」

正是長城的寫照，中國書法之美，亦受到外籍人士的普遍讚賞。

購得兩件印有「長城」T恤後，隨着人潮，登向長城。登高遠眺，長城依山起伏，有如巨龍騰飛在蒼茫之間。當我的球鞋踏在一塊塊巨型的土黃的方磚上時，彷佛墜入時光燧道，眞不敢想像這些天文數字般的石方塊，當初是如何搬運上來的？還有那每隔數百米的城台，如何砌的？

我倚靠着城墻，撫摸着這些古人所遺留下的墻磚，令人神馳不已。一塊塊墻磚，無不凝聚了祖先們的智慧，是他們的智慧創造了這些用來防禦外患的城墻，使我炎黃子孫緜緜不絕，永不滅亡；但是又不勝感嘆，不爭氣的子孫，把中國弄得這麼窮，這麼落後。人家外國也重視古蹟，但是他們生活富裕，科技進步，一一邁向先進國家之林。

靠在墻邊，我仰天長嘯，爲什麼十幾億中國人，不能像長城一樣的一條心呢？我禁不住引吭高歌：「萬里長城萬里……十二億同胞一樣心，新的長城萬里長」。

在長城留連了一個多小時，回到平地才發現爲了配合九月在北京舉行的亞運，在八達嶺特區築了家「北京長城全周電影院」，外型是仿長城城堡（台）做的。裏面却是現代化的冷暖氣，聲光電化等設備。「全周」就是三百六十度環形大銀幕的意思。這部名爲「萬里長城萬里長」的三百六十度的大銀幕電影是中、日合資拍攝的，普通票五元人民幣一張，外匯卷三十元，票背印有「不到長城非好漢，不看環幕長城電影多遺憾」的字樣，票面有電影院圖片，彩色的。

以三百六十度大銀幕，介紹偉大的萬里長城，極盡感官，視覺上的享受。開映時，一條彩色的巨龍，「唰」的一下繞了銀幕一周，配合現代電子琴的音樂，幡曲在綿延六千七百公里的萬里長城之上，呈現眼前的是莽莽草原，巍峨羣山，令人有身歷其境之感。正是前人詩句的寫照：

「曾聞山海古榆關，今日行經眼界寬。

萬頃洪濤觀不盡，千尋絕壁渡應難」。

空中拍攝的高度技術，令人嘆爲觀止。

這部前後不到二十分鐘的立體電影，遠從戰國時代開始介紹起，歷經秦始皇的擴大，明代的重修。此外，還穿插了與長城有關的歷史人物如秦大將蒙恬追逐匈奴至陰山，以及明朝大將徐達的鎮守邊關，抵禦蒙古人來侵的劇情片段，眞正達到寓歷史教育於電影院之中。

在這個可容納五百人立體電影內，來自四面八方的人，不管識與不識、親與不親，無不以這座跨山越嶺的偉大建築爲傲；無不發出一種血濃於水的震憾。

長城—這座由歷代祖先們的智慧血汗所共同創造的國防線，儘管現在已經失去它的防禦作用，但是無論春去秋來，物換星移，世局如何變化，它，仍然屹立不搖，它所代表的是五千年龍的傳人的精神。中國人啊！奮起吧！爭口氣吧！二十一世紀將是中國人的。

回程的路上，我低哼着：「古聖和先賢，在這裏建家園。風吹雨打中，聳立五千年」。司機先生側過頭，用一口京片子說：「很好聽，教我好嗎」？我感動得熱淚盈眶。

（民國八十年六月一日新生報）

南京中山陵巡禮

一九九〇年，對我來說是值得紀念的一年，我曾先後兩次飛渡南京，出席在該地舉之學術會議兼探親，亦兩度前往巍峨雄偉的紫金山下敬謁　國父中山陵。目前，雖然已身在台北，對於故國山川風物，仍然縈迴腦際，久久不能忘懷。

所謂「百聞不如一見」，以往只能憑想像的中山陵，一旦親身登臨，眞是有「一見勝過聞名」之感。

儘管　國父逝世已逾半世紀之久，而當年鑽刻建築物上「中國國民黨」黨徽，依然完好無缺。只是墓道上雪松、龍柏長得又高又大，插入雲霄。

「山不在高，有仙則靈」，龍蟠虎踞的石頭城，的確有種鍾靈毓秀之氣。中山陵建設，可謂嘆爲觀止，無論墓道、陵門、碑亭、祭堂、墓室，層層坐落在一中軸上，遠看好似木鐸。而背面則是莽莽蒼蒼，峰巒疊翠、巍巍峨峨的鍾山。從牌坊進去，穿過長長墓道的三十分鐘後，　國父書寫在陵門上的「天下爲公」四個裝金的大字，已翹首可望。

魚貫進入陵門，卽登上城樓上的碑亭。

「中國國民黨葬　總理孫先生于此」，兩行裝金的大字被鏤刻在亭正中的花崗石上，另一行小字是「中華民國十八年六月一日」，金光閃閃的金字，像是重新補過，由此可知，　國父受到的尊崇與擁護，不減當年。

在石碑上端的黨徽，亦淸晰可見。從碑亭登到祭堂，有二百九十九級石階。

祭堂的外形是仿古代的宮殿式，藍色的琉璃瓦，顯得特別樸素莊嚴。牆身係用花崗石所砌。堂內四壁是黑色大理石所砌。　國父的「建國大綱」、「民族」、「民生」、「民權」，分別鐫刻在牆上及門楣上。堂正中央是　國父著長袍的白色大理石坐像。栩栩如生，令人肅然起敬。呈弧形的堂頂有中國國民黨黨徽。

面向　國父石像，行三鞠躬禮後，再又隨着人潮，進入陵寢。這裏有　國父著中山裝的大理石臥像；雙手放置腹部，狀至安祥，和堂頂上藍白鮮明的中國國民黨旗，互相輝映。想來，國父是有福之人，臥像下面的深穴中，卽是　國父的靈櫬。堂內到處有「禁止攝影」字樣。

從陵寢出來，佇立在平台上。登高臨遠，視野遼闊。遠處的長江一線，近處的房舍樹木，儘入眼底。中山陵園蔚為壯觀。

× × ×

位於中山陵前的光化亭，是由華僑所捐贈，它的奇妙處在於沒有一寸木頭和一根釘子。無論屋脊、斗拱、藻井、樑柱，均用花崗石鑲砌而成，亭內圖案細緻古樸。

而令人發思古之幽情的，是位於中山陵東邊的靈谷寺，附近有一棟「藏經樓」，裏面保存的許多　國父的寶貴資料。

鮮無人知的靈谷寺，被層層松樹包圍，其中還夾雜著幾株楓丹，頗富詩意。此地氣溫比城裏低了六、七度，有高處不勝寒之感。

寺後有座「無樑殿」，建於明洪武十四年，高二十二米，寬五十三點八米，縱三十七點五米，全部用大磚砌成，原名「無量殿」，俗稱「無樑殿」。「無樑」和「無量」諧音，都是表示「功德無量」之意。

如今，「無樑」殿內牆上的大理石碑，鏤刻了　蔣公北伐時陣亡將士的芳名。

令人驚喜的是壁上書寫的　國父遺囑及國歌歌詞，仍有完好無缺。我肅立在國歌歌詞面前高唱國歌，顧不得其他遊客。離開靈谷寺，特地繞到中山陵西邊的黨國元老廖仲愷墓地拍照留念。此處古木參天，松風習習。

日落西山時，始驅車離去；歸途中，思潮澎湃，腦海中一直思索着，什麼時候我們才能完成　國父「以進大同」的遺志呢？

我決定把帶來的新台幣，五十元的、一百元的，一一分贈給大陸的親友們。此舉，可以說受到前司法部部長，國策顧問查良鑑博士的感召。

查博士曾在台北所舉行的一項座談會中，說過這樣一段話：

「由於大陸政策開放，大陸同胞對復興基地的建設成就，早已嚮往，許多去過大陸的人說：新台幣已逐漸受到大陸同胞的歡迎與重視。原因之一是由於復興基地的繁榮富足，台幣在國際金融界有其信用。原因之二是台幣上面印了　國父遺像，這是大陸同胞所嚮往的，雖然目前海峽兩岸制度不同，人心思漢的道理是一樣的，炎黃子孫對　國父的尊敬與肯定，是永遠不變的。」

查博士是「愛國主義」者，他經常應邀到海內外演講，特別提倡並發揚「之一」精神。

「之一」，就是國人各盡己之力的意思，其效果也許是千分之一，也許是萬分之一，總之盡了力，自然會匯成一股巨流，進而融合海峽兩岸同胞發生一股大力量，攜手合作，完成統一大業，朝此方面努力，則二十一世紀必然屬於中國的。

中山陵之行，更讓我體會到查博士的箴言以及吾人所負責任。

三月十二日　國父逝世紀念日將屆，如果郵局及時發行紀念　國父的郵票，寄往大陸，更有意義！

（民國八十年三月十五日青副）

浮光掠影

——兼記南京唐代文學國際研討會——

民國七十九年十一月二十日，一個寒風刺骨的下午，我和外子殿魁在居住南京的玉姑父陪同下，驅車來到長江大橋廣場南側的雙門樓賓館，辦理報到及住宿，繳費事項。

一下車，就看到賓館大門口前面，豎立了一個歡迎牌，上面用正（繁）體字寫了：

「熱烈慶祝中國唐代文學學會第五屆年會暨唐代文學國際學術討論會在南京舉行。」

白底紅字，非常醒目，也感到親切。

後來從一些大陸的教授告訴我說：

「大陸民間使用正（繁）體字的情形，已慢慢普遍了」。

「是呀！我看北平的亞運會，就有許多宣傳的廣告，海報，用的正體字，這大概受到海峽兩岸文化交流的影響吧！」我說。

某教授亦坦誠承認，以中文電腦化來說，由於簡體字殘缺不全，嚴重破壞了文字構造的原則而不能輸入電腦。

看來，不久的將來，大陸上使用正體字，將是必然的趨勢。

行李安頓後，隨卽參觀了這座頗有歷史的雙門樓賓館。原來它以前曾是英國大使館館址。館內環境優雅，綠草如茵，蒼松銀杏，花木繁多，惜時值初多，只能露出光禿枝幹。

館內設有大小會議廳、餐廳、咖啡廳、醫務室、郵電，商務中心，可以說一應俱全。

當晚，自由活動，正好應邀至住在雙門樓不遠的玉姑媽家晚飯，由表妹夫成勇掌廚，燒了一桌子好菜。兩次來大陸開會，發現大陸的年輕小伙子，都擅長烹調，但是他們也埋怨，花在「廚房」的時間太多。

玉姑夫雖已退休，身體却很硬朗，精神抖擻。如今賦閒在家作詩，練毛筆字，打太極拳。初見面時，是在去年二月份，南京正下大雪時，他曾寫了首詩送我：

「舊去新來一馬先，滿天瑞雪撤人間，光華門外迎親客，獅子山旁話當年。水隔四十再重逢，憶起往事盡難言，有朝兩岸彩虹架，共讀春秋樂無邊」。

讀來不覺令人唏噓。

我有兩位姑媽在大陸，分別住在上海、南京。南京的玉姑媽，是最小的姑姑。依稀記得兒時居住重慶的一段日子，玉姑從浙江老家來我家住，帶我們一塊玩耍；那時，她不過十來歲小姑娘，如今，却已變成兩鬢斑白的老婦了。

四十年的海峽對峙，我們姑姪由兒童而中年而老年，再相見時，恍如隔世，竟不知要說甚麼，眞是時代的悲劇！

× × ×

二十一日在雙門樓賓館的大會議室舉行了「中國唐代文學國際學術會議」開幕式。由會議執行主席南大中文系主任，周勛初教授主持，與會學者包括來自美國、日本、韓國、加拿大、香港、以及海峽兩岸的學者計八十多人。

大陸資深教授程千帆，曲欽岳均應邀致詞：

他們一致認爲唐代文學，不僅是中華民族傳統文化中光輝燦爛的組成部分，而且是世界人民共同珍愛的文學遺產。唐代文學研究，不僅是中國文史研究的重要領域。而且早已成爲世界範圍內的重要學術活動。尤其是近十年來，隨着中外文化交流的日益頻繁，唐代文學研究已成爲國際上顯學之一。他們並祝會議成功，代表們身體健康。

接着由來自各地區代表，報告唐代學術研究概況：

東海大學教授楊承祖報告：「台灣近四十年唐代文學研究」。引起大陸學者之注意。

下午開始，隨時展開一連串學術交流活動；一連五天分組宣讀幷討論了有關唐代詩歌、古文、詞、小說、文學批評等七十篇論文，收穫甚豐，尤其感謝主辦單位贈送「唐詩大辭典」以及有關論著，我們都打包郵寄台北。

× × ×

開幕的當晚，在雙門樓賓館的江南廳，舉行歡迎餐會，菜肴豐富，採自助式。

其中甜食如炸藕片、冰糖百合、桂花元宵，最受歡迎，因爲這是江南特產。

二十二日晚間則觀看江蘇省昆劇團演出，演技相當精湛，只可惜劇場太簡陋，設備太差。

團長張繼青女士，十四歲參加劇團。如今名聞中外，是繼梅蘭芳之後的崑曲名角。她的唱腔優美流暢，有餘音繞樑之感。

二十三日，大會安排赴揚州參觀與唐代文學有關的文學名勝古跡，如平山堂，並參觀木版書刻印工藝。

二十四日下午參觀了南京名勝古跡：如中山陵，明孝陵、雨花台、靈谷寺、莫愁湖、南京大屠殺紀念館、夫子廟等。其中特別令的感動的是：莊嚴肅穆，氣勢宏偉的中山陵。國父所題：「天下爲公」「博愛」清晰可見，歷久不衰。從絡繹不絕的遊客來看，國父仍活在廣大人民的心目中。

與中山陵對峙的明孝陵，則是朱元璋與馬皇后合葬之地，墓道旁有石雕的駱駝、大象、吸引不少遊客。

另外有一個南京大屠殺紀念館，裏面藏了二次大戰日本暴行的血腥照片、資料。做為中國人不能不知道一段慘痛的史實。

「到南京不去夫子廟，不能算是到過南京」。位於秦淮河畔的夫子廟。如今已漸有書卷氣息，昔日祭孔的「大成殿」，抗戰時曾毀於日機。於一九八三年重建，一九八六年完工，狀極宏偉。殿內經常舉行文物展覽。壁上嵌有名書法家字。

後來從一些教授的談話中，得知目前大陸已開始研究孔子。而且從孔子的思想，擴展到經濟、法律、道德、社會的價值。他們肯定了孔子的中庸之道，以及孔子的有教無類的精神。一位年輕教授，心平氣和地說：

「孔子不尚空談，不走極端，重視倫理，提倡仁愛的道德體系，已受到大陸學者的共識」。

由大陸對孔子的肯定來看，中國是有前途的，有出路的，廿一世紀將是中國的。

詩經上說：「嚶其鳴矣，求其友聲」此次在南京舉行的唐代文學國際會議，雖然時間很短，但是充份達到「以文會友，以友輔仁」的目的。

二十五日晚間舉行送別餐會，地點仍然是江南廳。席開二十桌，菜色豐富，酒也淳美，有國樂演奏，賓主盡歡。

然而天下無不散之筵席，我不禁低吟着李白的客中行詩句：

「葡萄美酒鬱金香，玉碗盛來琥珀光，但使主人能醉客，不知何處是他鄉。」

這首掛在小會議廳壁上的詩，實在耐人尋味，我特地拍了照，以爲留念。

（民國八十年四月六日青副）

灕江情懷

從旅舘出來，步行約十多分鐘就抵達象山附近的碼頭，購票登上游輪後，終於實現夢寐以求的「灕江」之遊。同行的有溫雁弟妹，溫雁的先生殿臣，係外子殿魁的三弟，出生在上海。由於家庭「成分」不好，大學畢業後，分到貴陽工作。

去年十一月，他知道我們赴南京大學開會，曾長途跋涉，從貴陽坐了兩天兩夜火車至上海和和我們會面，兄弟見面，場面感人，可想而知。

今年四月殿臣知道我隻身從上海飛桂林，特地安排溫雁從貴陽來桂林，和我結伴遊山玩水，我和溫雁弟妹首次見面，彼此留下美好印象與回憶。

特別是她舉了我的「名牌」在桂林機場，苦等我一小時之久，眞是衷心銘感。

我們魚貫登上舢板，按照自己的座位號碼坐定後，邊喝茶、邊欣賞窗外的美景。

早上八時正，數十艘游輪，同時啓碇，形成一條船隊，平靜的水面，霎時濺起堆堆白浪，顆顆晶瑩的水珠，灑在河岸邊的沙石草木，船沿江順水南下。

象山，已逐漸縮小，之所以取名象山，是因爲它像一隻大象，站在灕江邊伸長鼻子吸飲着江水；當船漸離碼頭後，溫雁拉我登上二層的舢板，她說這樣才看得遠。果然，美麗的灕江，如同青絲玉帶樣，飄繞于羣峯之間，挺拔的山峯凌空而起，正是「江作青羅帶，山如碧玉簪」的寫照。

據導遊小姐介紹，桂林至陽朔八十三公里水程，八時出發，用完午餐後，正可抵達陽朔，這段水程就像一長幅山水畫廊。

「灕江的水似水晶，桂林的山似碧玉」這樣的形容一點不誇張，難怪人們說：「桂林的山得水而活，灕江的水得山而媚」，眞可謂山光水影，明媚多姿，處處是綠水環流，翠竹夾岸。處處是碧峯兀立，羣山倒影。

途經「望夫崖」，遠望山腰一石，像一個背着娃娃的婦人，有段淒美故事。一直在民間流傳着。

「幾程灕水曲，萬點桂山尖」

尤其流經桂林陽朔一帶，登高望遠，天外的奇峯，如同一排排玉筝，實在是天造地設的奇景。不知不覺船已進入陽朔縣境的名山—冠岩。這是徐霞客曾遊過的地方。他以「門壁輝映，彩色[illegible]山」來形容這座頂着嵌寶的岩金冠，內有石鍾乳，下有流水，可划舟進入岩內。

行行重行行，不久船過浪石村，畫山在望，相傳山壁上有九匹土黃色駿馬，像畫上去一般，馬的姿式，或臥或站或奔騰或滾脊或昂首：—

清代畫家羅辰有題畫詩：

「山以畫爲名，畫自天公設。
人間老畫師，到此寸心折。」

徐澐有詩曰：

「自古山如畫，而今畫似山，
馬圖呈九首，奇物在人間。」

百聞不如一見，一見勝於聞名，眞沒想到桂林的山如此神奇，這畫山，山壁如刀切斧削。

導遊小姐朗誦了明代詩人解價描寫灕江之美的詩句：

「潭心綠水緩悠悠，長灣短灣凝不流。
忽然路絕山勢回，峽石水深如怒雷。
龍潛虎伏杳不見，但見滿江圓浪花。
浪花飛雪捲萬瓦，船下高灘疾如馬。」

船在灕江滑行三小時後，要不是服務員送香噴噴的菜飯來，眞不知肚子餓哩！後來發現船上有販賣田螺的小攤，一大碗才三塊人民幣，吃得不亦樂乎。我們邊吃田螺，邊憑欄俯視着江水，眞是令人神馳。聽導遊小姐說：三億五千萬年前，這裏原是大海，一億五六千萬年間，劇烈的地震，再次把這裏從海底掀起，經過長期風化，形成了此地山青、水秀、洞奇、石美的自然景觀。唐朝詩人曹松也有歌頌灕江的詩句：

「……如飛似墮皆青壁，畫手不強元化強。」

這首詩充份表達了桂林特有的景緻。元化，是指大自然。

不過，我要補充的是灕江的風景，不論淸晨、傍晚。不論春夏秋多，都有不同的奇妙景色，不知吸引了多少古往今來的人們。宋代詩人范成大說：

「桂山之奇，宜爲天下第一」。

中午突然湧來一陣雲霧，環繞峯巒，如夢似幻；同時我們正吃着剛煮熟的魚蝦，使我想到東坡曾有：「小舟從此逝，江海寄餘生」之念頭。

午飯後，由導遊小姐主持娛興節目：她手持麥克風，當着七十位來自各地遊客對着我說：

「我想請坐在船頭穿風衣，圍絲巾的女士爲我們唱一首歌，好嗎？」

原來，她早已注意我的擧止，並且認出我是台胞。我立即上前說了一段感性的話：

「是的，我是來自美麗的寶島台灣，但，我是浙江人。我要爲大家唱一首『高山靑』，而且我唱完後，要請我的弟妹溫雁女士也唱一首。她和我第一次見面，一見面就遊灕江，太有意義了。」說完話就引吭高歌，唱了一曲「高山靑」：「阿里山的姑娘美如水，阿里山少年壯如山，……」一曲終了，掌聲如雷，並要我再唱一曲，我又唱了一首：「小城故事」，而且把小城，改成桂林「……若是你到桂林來，收穫特別多，看似一幅畫，聽像一首歌，人生境界眞、善、美，這裏已包括……

」我邊唱邊望着外面的錦繡河山，淚水不禁奪眶而出。

一位大陸小姐，自告奮勇上來唱了一首流行歌曲，也是前不久大陸連續劇「渴望」的插曲—好人一生平安。

據說「渴望」一共有五十集，是以文革時期爲背景的連續劇。劇中人物劉大媽就曾說過：「我們在五十集中都沒過過安定日子，總在渴望中求生活；但願好人一生平安；」我特別請溫雁把歌詞錄了下來：

「有過多少往事，
彷彿就在昨天。
有過多少朋友，
彷彿就在身邊。
也許心已沉沉，
相逢是苦是甜。
如今舉杯祝願，
好人一生平安。

誰能與我同醉，
相知年年歲歲。
咫尺天涯皆有緣，
此情溫暖人間。」
可見大陸同胞都渴望過平安日子。我決定把這首歌帶回台灣。
大約二時許，船抵陽朔。下船登岸，拾級而上，來到陽朔公園，一路古樹盎然，盡是販賣紀念品的攤子；有沙田柚、柿餅、羅漢果（可治肺炎、氣管炎）以及石刻手工藝品等。
但是，我還是對此地的山水有興趣；有着人間仙境的陽朔，是個奇峯羅列的山城。
有詩爲證：
「桂林山水甲天下，陽朔堪稱甲桂林。
羣峯倒影山浮水，無水無山不入神。」
此外，還值得一提的是一棵約有千年以上歷史的古榕樹。如果到了陽朔不到古榕樹前拍照留念，則虛此一行。古榕位於陽朔城南的田疇中。榕樹盤根錯節頂上的枝葉，相當茂盛，一根橫生的枝幹，如同一座長長的獨木橋。倒映在江水之間，如詩如畫。清代詩人徐廷淨曾有一題榕蔭古渡詩：

「江畔橫生久耐多，
早知楊柳不如榕。
盤根錯節枝千幹，
古洞穿岩影一重。
朝夕乘舟看畫錦，
往來過客臥蔭濃。
山河自古鐘靈氣，
萬丈仙藤欲化龍。」

附近有一岩洞，東西貫穿，如同石門，因名「穿岩」；岩石，榕樹、小橋、流水、人家、一片田園風光。心想，退休後如能在此購屋度過晚年到不錯哩！惜步行到車站，欲乘車至桂林市區時，週遭環境之髒、之亂，實在令人惋惜。

車廂內也無人打掃，任其果皮紙屑亂扔，令人無容脚之地，這和先進國家相比，眞有天壤之別，不可同日而語。

溫雁看我愁容滿面，對我說：

「想不到你和范仲淹一樣，有着先天下之憂而憂，後天下之樂而樂的情懷呀！」

我想到方勵之先生曾說：

「每次出國，一對比國外，說句不好聽的話，眞恨不得踢『中國』兩脚，覺得中國發展太慢，如果不使勁踢兩脚，炎黃子孫對不起老祖先。」

眞是肺腑之言！

（民國八十年六月八日青副）

國外篇

漢城秋旅

——兼訪薛大使——

「是非之口，前倨後恭，回國竟成七義士。勞病之身，乍冷忽熱，入院甘作一榮民。」

——前駐委內瑞拉大使王之珍贈薛毓麒大使。

這一次赴漢城參加中、韓作家會議，有機會訪問了爲「六義士」的釋放而奔波的薛大使，可說是意外的收穫。

時間是在十月廿八日星期日早晨六點半。

地點是從漢城明洞到南山東國大學的來回路上。

這不是刻意安排的一次訪問，在我參加中韓作家會議後的次日，因爲其他作家代表去了日本，獨留我一人在漢城，留下的理由是等廿九號韓國名劇「春香傳」的演出；但是却沒想到在這段日子中，有幸做了駐韓全權大使薛毓麒先生的座上客。

吃的是道地的韓國菜，聽的是道地的韓國音樂，連大使自己也說，趁此機會讓自己輕鬆一下，同時也多接觸一下韓國的文化。大使是一位健談而又風趣的人，返國養病的十天，我正巧旅行美國，不在國內，沒有看到大使風采。但是在我來漢城之前，在陳雄飛大使處，拜讀了王之珍大使贈薛大使的一首對聯，使我對薛大使產生了無限的敬佩之意。

「不知大使什麼時候方便，我想做個專訪。」在共進晚餐時，我鼓足勇氣的問。

大使欣然同意，隨即問在座的秘書這兩天的約會情況。

「從現在開始到卅號都排滿了。」秘書邊翻記事本，邊向大使報告。

「你什麼時候走？」

「我預訂了卅號國泰班機回臺北。」

「廿八日，星期天早上，一起早餐好嗎？」

「好呀！我就大使時間」。

「歡迎你來官舍早餐，吃粉絲好嗎？」

原來大使的早餐是粉絲，多節儉。

「不過，早餐前我會在附近散步，差不多八點我會回來。」

「大使每天散步？」

「不，只有週日，不上班，才做清晨散步，其他日子，早餐前打太極拳。」

心想，大使館門禁森嚴，爲了頓粉絲還得費一番週章，靈機一動，不如和大使一塊散步漫談，豈不更好？表達了我的意思後，終於訂了廿八號清晨的散步之約。

中韓作家會議結束後，我下榻的沙威旅館，正好位於明洞，離大使館只有五分鐘路程，爲了怕誤了這個重要約會，前一晚就交待櫃台務必在廿八日晨六時把我電話叫醒。

這大概是我有生以來最早的約會，而且我一定要先到才好。

深秋的漢城，清晨相當涼，如同臺灣的寒流來襲。不同的是氣候乾燥，不會令人縮頭縮腦的，我全副多季裝備後衝出了旅館。

這時天色灰矇矇的，呈魚肝白，大街小巷冷冷清清，只有一兩個清潔工在洗街。這景象和夜晚摩肩接踵，川流不息的人潮相比，眞是不可同日而語。

我連走帶跑，終於先抵達會面的地點—大使館門口。不久大使也依約而至，他一副運動員打扮，套頭毛衣，外加茄克、長運動褲、球鞋，不走近看，還以爲是年輕小伙子哩！

「冷不冷。」大使親切的問。

「還好，您呢！」

「哈，習慣了，比起剛從沙國來這裏時，好多了。」

「您眞了不起，難得星期日不上班，還起個大早。」

「我每天無論上班與否，都是五點半起床。」

於是，我們從明洞出發，向位於南山北麓的東國大學走去。邊走邊談，再回到明洞時，已是晴空萬里，陽光普照了，時間是九點正，我們足足漫步閒談了兩個多小時。

大使和藹可親，對所提問題，言無不盡。

話題大概是從韓國的天氣開始。

「你們來的這幾天，是韓國最好的季節，秋高氣爽，非常舒服。」

「是啊！一下飛機，我感到空氣新鮮，頭腦清新，我很喜歡，只是早晚涼了一點。」

從天氣講到他從沙國初來此地，有點水土不服，剛到任就患感冒。在炎熱的沙烏地阿拉伯待了將近八年，突然在去年寒冷的二月來到韓國，眞是受不了。後來好不容易適應了，五月五日又碰到卓長仁六義士投奔自由的事件。

大使幽默地說：

「……六義士來得太快了一點，事先也不通知一下，我毫無心理準備，好像要請的客人還沒請，就已來了，弄得有點措手不及。」

「是的，國內的人都知道您爲了『六義士』，精神上受了很大的壓力，但是最後六義士獲釋後，終於苦盡甘來，得到很大的安慰吧！」

「當韓國以司法審判處理六義士奪機案時，的確使我面臨了我從事外交工作以來最大的考驗。」

「當時，您是採取什麼樣的態度。」

「容忍！」

「你一定不知道，我在這種情形下每天早餐前還強迫自己讀一段聖經，聖經中的許多故事給我很大啓示。」接着他又說「根據我四十多年的外交經驗，這件事在交涉時必須尊重海牙國際公約，以及雙方的利益所在，必須以一種『異中求同』的方式來處理。換句話說，要考慮在兩國不同立場上求取共同利益，我們不能不顧到國際公法和韓國自己的法律，當然也要顧到自己利益。六義士追求自由，爭取個人人權問題，固然值得同情，但其中嚴重地牽涉到海牙國際公約，因爲六義士是使用武器脅迫機員改變航道的……那陣子我們國人少數人士，一再提出這是『政治』案件，要求以政治案件處理，而且義憤塡膺，口誅筆伐，說我薛某人無能，恨不得把我立卽調回國，要我引咎辭職，以謝國人。這種想法眞令人灰心。」大使激動地說。

心想，若非大使堅強不拔的毅力，六義士不可能提早釋放的。

這時我們正走在退溪路上。（紀念韓國大儒李退溪的）。我知道「六義士」案，牽涉的層面之多、之複雜，絕不是三言兩語說得完的，於是把話題扯到輕鬆一面

：

「以前您出使沙國時也讀聖經嗎？」

「那時我每天讀一段『可蘭經』，漫長的七年零八個月，我讀了乙遍可蘭經。」

「您用阿拉伯文讀嗎？」

「不，讀英譯本的，但我也學了阿拉伯文。」

「您來到韓國也在學韓文嗎？」

「當然，每天在剃鬍子的時候，就面對着一本用書架架着的韓文。韓文不難，廿四個字母，十四個子音，十個母音，認熟後就可以拚音來讀，慢慢摸索也知道一點竅門。」

停了一會又說：

「現在記憶不如以前了，我正在讀一本有關幫助記憶的書。」

「您大學是外文系嗎？」

「不，外交系，一字之差；本來想唸理工科系，後來還是進了中央政治大學外交系，畢業後考入外交部，開始了以後的外交生涯。」

「開始了您以『外交報國』的志向！」我補充說，同時又技巧地引到「六義士」上面：

「聽說您在等候六義士宣判的那段日子，常常去探望他們。」

「不但探望，而且逢年過節，我帶着官舍的廚子去替他們加菜，甚至做一桌酒席，我和他們一道吃。」

「那不是成了褓姆了！」我開玩笑說。

「另方面還得奔走於韓國政府機構。氣的是其中還碰到亞青盃籃球賽，中華民國隊因中共持旗參加開幕典禮而退出會場，這類突發事件不斷產生，我差點要精神崩潰了。」

「你們在國內電視看到記者在漢城訪問我的時候，神色一定不好，但是爲了處理『六義士』案，我必須要振作。」

「那陣子，國內有些人士對您不滿，您採取何種態度呢？」

「哈！我一點不怕，所以有人說我大概後台很硬。其實，我有什麼後台呢？如果說有，還是那句話，就是積我四十多年的外交經驗！」

提起薛大使的外交經驗，他是最津津樂道的事。他二十四歲進入外交部服務，不久就外放澳洲。那時他正是雄心萬丈的年輕小伙子，除了白天工作外，晚上還在墨爾鉢大學攻讀政治學，獲碩士學位。一九五一年葉公超任部長時，升任條約司長，正遇上「中日和約」及「中美共同防禦條約」的擬訂，這是一項負有重要歷史意義的工作。一九五五年又派任我國聯合國公使副常任代表。爲維護我國代表權而奔走奮鬥十二年。一九六七到一九七一分別被調任駐加拿大、西班牙大使。其中爲了保全中、加，中、西邦交，忍辱負重，受盡辛苦。一九七六年又調至沙烏地阿拉伯，直到去年調任韓國。

薛大使駐沙國期間，曾獲得朝野上下一致好評，如今在韓國又打了一次勝仗，眞不愧是堅強勇毅的外交鬥士。

「上次您重病返國治療，一定有許多感人的事吧！」

「國內同胞太熱情了，太令人感動了。記得有次我在墾丁公園，正巧遇到一羣文化大學學生在那裏旅行，他們看到是我，立卽把我圍了起來，而且唱歌向我致意；原來他們在電視上看到過我，所以一眼就認出來了。」

我們在退溪路上走了好大一段，不久上到一個陸橋。寧靜的早上，仍沒人從我們身邊走過。我站在橋上舉目四望，但見漢城街道整齊而乾淨，大樓如春筍般林立，一片朝氣蓬勃的景象。

我們邊走陸橋，邊談韓國。像是兩個老朋友在聊天，從韓國的宗教，文化談到韓國的近況。原來薛大使尚未到任前讀了很多有關介紹韓國的書。

「您到韓國已經一年八個月了，談談您對韓國的印象好嗎？」我問。

「韓國民族性很強，全國上下都在合力建設。老百姓的守法，重紀律，是值得我們借鏡的。」

「昨天，我去參觀了一九八八年的奧運會會場，相當的壯觀，他們現在是否在積極推展『體育』外交呢？」我又問。

「一點不錯，爲了配合奧運會在漢城舉行，他們拚命地在修建地下鐵路、日夜不停的蓋建大樓。而且改善環境！」大使侃侃而談，接着又反過來問我：

「也談談你對韓國的印象吧！」

「這是我第二次來，和兩年前看到的又有顯著的不同。因爲我是從事文化教育工作，我特別注意到他們在文化古物保存方面，花了相當的經費與心血。」於是我問大使去過民俗村沒有？

「我一直想去看看，可是一直抽不出空，你覺得如何？」大使反問我。

「民俗村，是我第二次訪問，上次是團體去的，所以走馬看花，不夠深入。這次是在韓小說家協會副會長成耆兆夫人的陪同參觀的，有了較深入的瞭解。最令我感動的是在民俗村看到一羣小學生，在老師的帶領下參觀訪問。他們讓國家的幼苗，從小知道韓國傳統的生活習慣，和精神文明。在那佔地約廿二萬坪方的地方，展示了南北八個不同省份的建築，以及各地的民情風俗。最有趣的是廣場上每天有民俗音樂舞蹈表演。」

我也抓着機會，大談我的民俗村之行。而且從皮包中取出部份照片給大使看，我指着一張在民俗村席地而坐，在用餐的照片說：

「這是一個類似趕集場的地方，那兒僱用了大批的廚子，每天製作各種純粹的韓國鄉村的糕點供遊客品嘗，譬如綠豆粉是現磨的。」

雖然大使沒空去參觀民俗村，但是却和我有着相同的看法，那就是：目前韓國的經濟正快速發展，同時另一方面，爲了不使年輕一代趨於物質文明而忘掉傳統文化，因此，在文化的提昇方面，韓國無論政府、民間都在大大地出錢出力推動着發揚着。

突然大使想到明天（廿九號）下午代表我中華民國政府，頒贈一項大綬景星勳章給韓國前國會議員（現任KBS放送局理事長）宋志英先生，以酬謝他促進中韓兩國文化交流的貢獻。

「宋先生我認識，他以前是韓國文化藝術振興院院長，是位中國通。一口標準京片子，我們兩次在漢城舉行的中韓作家會議，他都撥冗來參加。」

「那太好了，明天也歡迎你來參加，請你做我們的貴賓，帖子明天派人送到旅館去。」

邊談邊走，邊欣賞路旁銀杏樹飄下的黃葉，一片秋意。不知不覺走到退溪路五段，來到了東國大學。這是一座現代化建築的佛教大學。我們拾階而上，爬到平台，可俯覽整個漢城風光，有名的南山塔就聳立在學校的後面。它是漢城的標誌。

校門口，有尊巨大的觀世音石雕佛像，從許多懸掛的橫布條來看，最近正舉行一項有關佛學研究的會議，上面所書全是漢字。在一根石柱上供着一個銅鑄巨象，不知是否該校的標誌?大使告訴我說：

「這是象徵智慧的標誌。」

「談談韓國的宗教好嗎?」我又找到了話題。

「佛教算是韓國國教，佛門弟子遍佈全國各地。但近幾年來，天主教、基督教在韓國很盛行。前不久，教宗保祿二世蒞臨韓國，更是掀起了一片宗教熱。」

「韓國的大學教育是否很普及?」我再接着問。

「韓國很重視教育，尤其大學教育相當普及。一個人如果沒有讀大學，無論工作、結婚都很困難。目前韓國全國公私立學院達三百多所，他們極力在培養各種科學技術，和人文藝術人才。」大使說着，同時指着對面建築物說：

「這就是國立國樂院。」

我暗想，韓國的音樂，早年受我國音樂影響，但是我們却沒有一個國樂學院。由此可見，韓國對傳統禮樂之重視，更勝於我。講到禮樂，大使感慨萬千說：

「我們不知道是否可以設計一套屬於我們自己的禮帽呢？常看到國人着長袍馬掛，可是頭頂却空空，好像少了點甚麼。西方人着禮服（燕尾服）必戴禮帽的。我做外交官一輩子，却從未戴過屬於自己國家的禮帽。」

「我不知道，禮帽的製訂屬於那個機構，也許中國禮樂學會可以研究一下。」我接着說。

我們可以說是無話不談了。經過一棵楓樹，大使在一張石椅上坐下，順手拾起一片楓葉，沉思半晌，突然又提到「可蘭經」：

「一本可蘭經，就是沙國的法律，嚴峻的約束了沙國國民，因此沙國人是世上最保守的人，他們不可以飲酒，不可以跳舞，不可以看電影，不可以與女人談話……女人臉上一定披黑紗，就是英首相柴契爾進皇宮時也要穿戴黑衣頭紗。」

「在電視上常看到沙國人士來訪時總是和國人左右親臉，他們是這麼多禮嗎？」我好奇問。

「我最初駐沙國最不習慣的，就是男人親吻男人；何況他們兩頰都是鬍鬚！你還必須忍耐，交情愈深，親的次數愈多，入境隨俗，我在沙國近八年，也記不清親了多少男人。」

心想，做大使眞不簡單，傑出的外交家，同時也是傑出的演員哩！就以六義士來說，他的確是扮演了一個很難演的角色。

可是大使却謙虛的說：

「我在協助他們獲得自由的過程中，只不過是大機器中的一顆小螺絲。」

「多重要的螺絲，六義士碰到您這樣一位有耐力又有修養的大使，眞幸運啊！」

「今年二月在國內舉行使節會議，您好像沒有返國？」

「是的，我向六義士保證，他們不回台北，我也不回台北；他們回台北，我才回台北。」

我靠着楓樹，任那楓葉在眼前飄落，蠻有詩意的，突然我低吟着柳永悲秋的詞：「漸霜風淒緊，關河冷落……是處紅衰綠減，苒苒物華休。」大使也接着吟下半闕。

「不忍登高臨遠，望故鄉邈渺，歸思難收。嘆年來蹤跡……」

「何事苦淹留」我又接了下來。

原來大使還是個喜歡吟玩詩詞的人。

看看腕錶，已經八點半了，我們沐着金色的晨曦，慢慢往山下走去。途中我報告了一下這兩天我中華民國作家訪問團在韓國的參觀活動。

「我覺得韓國前線士氣高昂，我們參觀第三坑道後並在『滅共館』聽取簡報。之後又在高出的平台上瞭望北韓；當瞭望到韓共頭目金日成的塑像前面，一羣小學生在操槍吶喊情形時；一幅侵略者的醜形惡狀，在十月的秋天裏，更是一片『殺』氣！」

使我想到薛大使在中韓作家會議開幕的致詞中特別強調：「中、韓兩國同受共黨的禍害，希望今後繼續加強敦睦友誼，密切合作……」的話。

是的，中、韓兩國今後的密切合作，仍要靠薛大使不斷的努力奮鬥。

「您要為國保重啊！」在大使館門口分手時，我由衷地祝福大使。由於這兩個多小時的散步漫談，使我深深體會到，任何一個時代的外交政策及駐外人員，沒有比目前所處的環境更堅定、更艱苦的了！（中央副刊七三年十二月一日）

韓國民俗村參觀記

兩年前，我隨作家訪問團，前往漢城參加中、韓作家會議時，就已參觀過位於漢城郊區的民俗村。但是那一次行程緊湊，又是團體行動，未能仔細欣賞。

今年第四屆中、韓作家會議又在漢城召開，爲了達成再訪民俗村心願，我欣然同意了韓方的邀請。

這次的民俗村之行，承蒙韓國國際筆會副會長成耆兆博士夫人及韓籍藝術家金炫辰小姐的陪同下，趨車前往的。

從漢城明洞出發，不久，上了京釜高速公路，一路飽覽深秋的鄉村景色，約四十分鐘行程，來到水原市。

一下車，就看到一個以茅草爲頂的牌樓，上面書有民俗村的匾，黃底金字的漢文，特別醒目，也特別感到親切。因爲目前漢字在韓國已是不常見的了。

民俗村的入口，仍是現代化的建築，包括了辦公室、餐廳、郵局、紀念品店。

再往前走，呈現眼前的是兩根插在地上的，類似守護神的彩繪木雕柱，上面分別以漢文書有「天下大將軍」「地下女將軍」的字樣。據說這是保佑人民平安的象徵，有着濃厚的宗教意味。

穿過這兩根木柱進去，全是一、兩百年前李朝時代韓國各地的建築物代表，有的是仿造的，有的是從別處移到此地的。也有些著傳統韓國服的男女，打從身邊走過，好像一時回到了李朝時代的太平盛世。

不可諱言地，韓國的文化脈絡源始於中國，然而韓人對歷史文化和古風文物之重視，遠勝過我國。難能可貴的是民間的投資；就以這片佔地約廿二萬坪的民俗村來看，它原是一片蓊鬱蒼翠的大峽谷。在一九七四年時，由大企業家鄭永三的看重下，而投資興建完成。如今已成爲韓國最重要、也最賺取外匯的觀光勝地了。

據說韓國政府決定命名此地爲「民俗村」時，特請風水先生、地理學家來勘察過建築方位。且以五百年前朝鮮時期的古老陰陽五行，擇吉避凶才予以興工造成。

我們來參觀時，不是週末假日，村內遊客不多，顯得格外寧靜。林蔭古道內，十步必有李朝時代的建築文物和民俗習慣，令人更是激發起一股思古之幽情。

首先我們瀏覽了一下民俗村的平面圖；這裏包括了韓國南北不同省份的建築，幢幢建築各自成一家，別有千秋。譬如：古代的大衙門、官宦豪門巨宅、學堂、農民房舍、菜圃以及五花八門的各行各業，如紡織坊、紙坊、磨坊、酒家、燒窰、鐵匠、藝工匠等。

成夫人首先領我們去到位於山坡的地方，參觀燒陶瓷的窰及陶工們的手藝；原來他們是用松樹的枝來燒陶瓷，燒出來的顏色更美。

那些陶工們大都席地而坐，倚着矮桌上用彩筆在瓷器上繪圖，是那麼的專心一致，絲毫不受遊客們的參觀而分心。

從山坡下來，左轉往前走，爲一南部鄉下人家，大門上貼有一幅「掃地黃金出」「開門萬福來」的對聯。茅草屋屋簷下晒了一排玉米，紅辣椒、葫瓜；一幅農村景象。土牆上還書有「天下太平春」「四方無一事」的對聯。別緻的是，不是兩行下來，而是呈人字形。白紙黑字，貼在牆上，非常引人注目。

成夫人用英語告訴我說：「這些古老的房舍不是仿造的，而是由政府買下來，移到此地的。」

而且各種房舍內都有蠟像，如鄉下老人聊天喝茶或吸水煙袋的樣子。

再往前走，是幢上流社會的人家，和我國四合院相似。中間的庭院裏有棵大樹。對着大門的正廳貼了幅我們常見的對聯，那就是「天增歲月人增壽」「春滿乾坤福滿堂」，全以漢字書寫。心想，如此的房舍，在我國大陸眞不知有多少哩，但是，我們的下一代似乎不知道，也沒接觸過。

在中部地方的農家中，却陳列了一個磨子，院內樹葉已黃，西風吹來，散起一片秋意。

離開這些古老的建築，穿過一個小巷，再往山坡走去，突然遠處傳來和尚唸經聲，原來這裏有個朝鮮時代的廟——金花寺。我們拾級而上，爬到頂，却看不到唸經的和尚，原來他們是在放錄音帶，透過擴音器傳送，整個廟內清晰可聞，音色甚佳。科技的發達給和尚們也帶來了諸多方便，但是否也令人偷懶了呢?本想看看韓國的和尚，結果，除了聽到唸經聲外，渺無人跡。所謂的「小和尚唸經」，恐怕也成爲歷史名詞了。

金蓮寺內包括了「金光樓」，及「極樂寶殿」，並設置了一個可供遊客解渴的泉水龍頭及水池。

從金蓮寺下來，經過一個朝鮮時代的「龍駒衙門」，內有「宣德堂」，及一些審判案子的蠟像官吏及平民，做得唯妙唯肖。

「龍駒衙門」的對面，是一露天廣場，正有一羣男舞者，在大跳豐年祭的舞蹈，非常活潑可愛！帽頂上還繫了一根長長的白線條，隨着頭的擺動，而在空中盤旋，變化出許多不同隊形圖案。穿的是白綢上衣，綢長褲，球鞋。白上衣外加以大紅、大綠或寶藍的背心，色彩非常鮮艷奪目，邊跳邊敲着小鑼鼓。旁邊立有一主奏的人吹着類似哨吶的樂器，聲音瞭亮，響徹雲霄。

接着是一羣女舞者，身上斜背着花鼓，從兩邊跳了出來。原來這就是韓國有名的花鼓舞，花鼓的兩端都蒙了鼓皮。跳的時候，右手拿着長細的鼓槌，左手則以手掌敲拍鼓面。所有舞者的動作無論輕、快、緩、急都是一致的，舉手投足均按照節拍而來。

還有就是由宮廷舞改編的羽扇舞，舞者都是年輕貌美身材一般高的女子，衣裙顏色光彩亮麗，手上拿着各色的羽扇，舞出各種不同的圖案。令人目不暇給，吸引不少來自世界各地的觀光客。

無論鼓舞、羽扇舞，其實都是早年傳自我國。但人家保留得好，逐漸再加以改良，成了他們的民族舞蹈。近年來他們經常到世界各地表演，這兩種舞在世界民族舞中，有其獨特地位。

其他民俗舞，包括了巫神舞、酬神祭祀舞等，臉上多戴以面具。

節目進行約一小時結束。

之後，我們經過一畦菜田，金小姐用標準國語說：「這就是韓國人做泡菜用的大白菜。」由於水好、土好、天氣好，此地的大白菜特別脆。

不久來到一個類似趕集的市場，四周都是一間挨一間的小吃店。

中間廣場，蓋了個涼棚，遊客可在此飲食，別緻的是在涼棚下面大約高出地面一公尺處又搭了一大排竹板，竹板上，疏疏落落放了些矮餐几，三朋好友可盤旋席地圍着几子坐在竹板上，品嘗小店送來的小吃。也可以自己去挑選。

另一涼棚下有幾罎酒，有少婦在彎着腰，負責把酒盛入酒瓶或酒杯，這種酒叫多多酒。我們點了炸醬麵，喝了些多多酒，又吃幾樣糕餅。其中一道點心是綠豆粉和米粉和在一起的煎餅。淺黃色的，起初，還以爲是蛋餅哩。而綠豆粉也是現磨的，可供遊客參觀。

離開市場，往農舍走去，參觀北部鄉下房舍。正好經過一個醃製泡菜的地方，滿地上堆滿了白白胖胖的蘿蔔及一顆顆新鮮的大白菜，還有紅得發紫的辣椒。韓國人吃飯，一頓也少不了泡菜。

北部鄉下的農舍，都是以厚厚的茅草爲頂（冬天可取暖），特別的是頂上加了一個粗網網住，四周吊以大石頭，正在好奇時，成夫人告訴我說：「這是防止茅草被風吹散。」

這些茅草房都是土牆所砌，有冬暖夏涼的作用。屋內窗戶甚少，有位老頭坐在屋簷下吸桿煙袋，正好一羣小學生在老師的陪同下，蜂湧而至，圍着老頭。老頭笑瞇了眼，這景象令人感動，我特地搶了個鏡頭。

韓國是重視生活教育的，他們讓國家幼苗，從小知道韓國傳統的生活習慣和精神文明。譬如他們告訴小學生，鄉下人如何醃製泡菜，如何養雞，如何將水抽到田中，如何晒玉米，眞是寓教育於生活。但見那些小學生興高采烈好奇地東看看西看看。之後，我們也加入小學生的隊伍來到河邊，過了橋，到了研經書院。這是我有興趣的，看看以前學堂是什麼模樣?拾級而上，來到了「求是齋」「博約堂」等古代建築。學堂內放置了六、七排長几子，裏面有幾個學生席地而坐，在讀詩書，老師坐在上席，是蠟做的，却栩栩如生猛看還以爲是眞的。四周的書櫃內放了些線裝書。

「博約堂」門上則書有「階前梧葉已秋聲，芳春不習詩書禮」的對聯。

從研經書院出來，在一棵大樹下面的水菓攤上買了個大水梨解渴。民俗村眞不愧民俗，連販賣水菓的老板娘也都穿着傳統的韓國服。

不遠處，一些遊客在租借傳統韓國新娘、新郎裝，並且拍照留念。新郎是深藍色的寬袖大襟長袍，新娘是大紅色的繡花長袍，看上去和我國明朝服裝相似。

據說韓國鄉下仍保持新郎迎親的風俗。新郎穿着傳統的韓服，坐在小毛驢上，領着一隊人前往迎親。新娘接到婆家後，第一件事，就是叩見公婆，再拜天地。到了洞房，男女相對而坐，行叩見禮，和我國傳統婚禮是大同小異的，中、韓傳統習俗實在有很多相同之處。

成夫人告訴我說：「一般出嫁的女子，頭髮則梳以髮髻，而未出嫁的則紮着一條辮子。」

韓國的婦女似乎沒有享受什麼特權，一般女子結婚在家操持家務，相夫教子，且做許多粗活。她們很羨慕我國的婦女。

我們三人邊走邊談。提到家庭主婦，金小姐更是喜上眉梢，因爲她下個月就要做新娘了，對象是中華民國籍的。金小姐是學藝術的，兩年前留學文化大學藝術研究所，今夏畢業，留學期間，認識了文大中文系畢業的學生（正好是我教過的），兩人一見鍾情而締訂終身，堪稱中、韓聯姻中的一對佳偶！金小姐的國語說得好，大概是愛的力量吧！

不久，我們又回到河邊，但見岸上一排白楊垂蔭，夾雜着紅色、黃色草木，一幅秋天景象！加之亭台茅舍、小橋流水。使我想起劉鶚老殘遊記所描寫的「來到濟南府，家家泉水，戶戶垂楊」。

下午五點左右，我們才離開這個樸實而耐人尋味的「民俗村」，回到了高樓大廈林立的漢城。（民國七三年十二月十日大華晚報）

我在漢城看書展

一個秋高氣爽的天氣，在韓國作家李正男夫婦的陪同下，來到了韓國「全國圖書展覽會」會場。

這眞是個別開生面的書展；場址設於漢江以南的一個露天廣場，好遠就看到蔚藍的天空上，飄舞著五顏六色的汽球，汽球下面懸掛著各出版社或書局的寶號布條（如同國內建築公司工地上宣傳廣告的汽球。）

不久，車駛入停車場，但見人們扶老携幼，從來自四面八方的車輛下來，步行進入會場。

原來這是個經常舉辦戶外活動的地方，寬闊的草坪上，是臨時搭建的攤位；一間接著一間，一律是拆除方便的活動棚頂及板牆。每間大小不等，可容納書架、櫃台及解說人（或服務員）一兩名。書架上展示了最新出版的書。櫃台上的書目單，任遊客索取，攤位前有豎著或橫掛著各書局和出版社的寶號及新書的廣告、海報等，五花八門，琳瑯滿目。

它的特點是各書局、出版社各據一方，盡其所能地各耍花招，大事宣傳，而不影響鄰座的攤位。因爲是露天的，空氣新鮮、光線充足，人們抱著愉快心情一家一家的欣賞、翻閱。

會場的中間空地上，靠著兩株大樹前面，搭建了一座臨時舞台。原來爲了配合書展，還有精采的節目在此演出哩！臨時的佈景上懸掛著顯明的「MBC文化放送局主辦」的橫幅，用的是漢英字，使我不但一目了然，而且有種親切感。

節目是下午兩點開始，我們抵達時間尚早，台前台後正在做準備演出的工作。演員也陸續到來，有業餘的、有職業的，來自各省各地。佈景後面的樹蔭下，是臨時的後台，表演者正在上粧；前台則有電視台的製作小組在準備作現場錄影。樂隊也正在調音合樂，構成一幅生動活潑的畫面。

以舞台爲中心，台的左側後方，設有一個臨時搭建的房屋，幷掛了一條用漢字註明的「大韓出版文化協會辦事處」橫幅。

台的右側，則是臨時搭建的一些小吃攤，供應遊客各種飲料美點，但見熙熙攘攘，摩肩接踵的人潮，來往於此，如同吃拜拜一樣。眞是熱鬧非凡，美不勝收，彷彿進入一個多彩多姿，繁花似錦的樂園；不但有書可看，而且有仙樂可聞、美食可嘗，是個老少咸宜的好去處。

難怪吸引了成羣結隊的人們，有父母携帶子女來的；有老師率領學生來的；也有祖孫三代同堂的；是那麼的融洽和樂，他們在一片書香中渡過美好的一天假期。

因爲我不懂韓文，走馬看花的瀏覽一下，就和李氏夫婦協議好，他們繼續參觀書展，而我去欣賞節目，兩小時後在服務台前集合。

不久，一陣鼓樂聲響起，舞台上舞出了兩頭獅子，主持人宣佈節目開始，部份遊客立卽擁向舞台四周，我也遠遠佇立一角，欣賞一個接一個的精彩節目。原來他們和我們一樣，以舞獅作爲開場。中、韓兩國文化之相同，由此可知。

節目以傳統和民俗的爲主，獅子過後，接著是「宮廷」舞，但見身材一致的美妙女子，著了傳統的韓服、頭戴皇冠、五彩繽紛、雍容華貴地配合節奏，翩翩起舞：接著是「太平」舞，內容是慶祝「秋收豐年」的。但見一位男士高舉「農爲天下之大本」的旗幟，領著舞者出場，之後是「羽扇」舞，「結婚迎親」舞，原來，跳這些舞的，都是由水原市的民俗村請來的，是道地的民俗舞。因時值深秋，以「農家樂」的歌、舞最多。有個曲子的歌詞很簡單，意思是「我背了一袋袋米，走了一山又一山喲」同樣的詞，反覆地唱著、鏗鏘有力，有韻味而有感情。帶著假面具，大跳「祭祀酬神」的舞，有着濃厚的鄉村氣氛。

中、韓兩國是兄弟之邦，兩國的文化淵源很深，在地理上、歷史上，兩國很久前就發生關係。就以音樂、舞蹈來說，就很相似。

但是令人感慨的是，韓國人對於傳統文化的宣揚及精神生活的提昇是不遺餘力的。反觀我國，近年來，在經濟的快速成長中，已經達到豐衣足食的地步，國民所得亦日漸提高，但是生活過於注重物質享受，而忽略了精神生活提昇。

記得曾經有人呼籲「用書櫃代替酒櫃」，但也是五分鐘熱度；據統計，我國的洋煙洋酒每年消耗量在四十億元以上；而花在圖書的費用有多少呢？

我不知韓國人花在購買書籍的費用如何，但是不可諱言地，他們的精神生活是被重視的。最近韓國政府爲充實韓國爲一個文化大國，不斷在舉辦各種國內外文化活動。同時民間大企業家也配合推展，有錢出錢，有力出力，使韓國到處瀰漫著文化藝術的氣息。據說全韓國七十七所大學和獨立學院中，四十四所設有博物館，目的是希望知識份子融合於文化之中。

我國之所以經常舉行圖書展覽，也是希望藉此提昇文化層次。但是由於書展侷限於室內，空氣的不流通，秩序的紊亂，使讀者怨聲載道；希望主辦單位針對弊端有所改進。譬如空氣的調節、秩序的維護、採光……等，那麼便可吸引更多的讀者前往參觀；而書香社會的理想，則指日可待了。（民國七四年二月廿五日中華日報副刊）

中、韓關係答客問

……虢，虞之表也，虢亡，虞必從之。
晉不可啓，寇不可翫。
諺所謂輔車相依，唇亡齒寒者，其虞、虢之謂也……
（左傳宮之奇諫假道）

我國和大韓民國之利害關係，正可以用「唇齒相依」來形容，也就是所謂的「合則兩利，分則兩害」的關係，但是一般人不能完全深入體會，而阻礙了中韓兩國友好關係的進展。

關於這點，筆者有幸訪問了此次從韓國回來出席三中全會以及外交使節會議的薛博士毓麒大使。

地點：臺北西門町「高雄木瓜牛奶五〇〇ＣＣ」餐飲店二樓。

時間：七十五年四月六日下午三時。

以下是我們對話的摘要。

問：「你看中韓兩國關係會起變化嗎？」

答：「不會的！至少，在可見的將來，不會發生變化。中韓傳統關係悠久深遠，民族情誼深厚，基礎穩固。彼此倘能依據當前兩國的需要，予以加強，必能產生良好的效果。」

問：「今後應朝什麼方向去做？」

答：「那就是要把『合則兩利』的原則加以引伸，開創『兩利則合』的局面。」

問：「如何兩利？」

答：「任何國家的外交政策，都以不同的國家利益爲基礎。我們在對韓政策上，要採取能兼顧兩國利益的措施，加以推動。例如在貿易和經濟合作方面。表面上看，在國際間也許會令人有兩國形成競爭的地位；但是如果深入研究，可以發現仍有很多可使兩國同蒙其利的預兆。譬如結合雙邊力量來應付美國的保護主義，或透過工商界合作在海外投資設廠等，於中韓關係的發展，都是有利。」

問：「我國對外貿易多集中在美、日，似乎佔了我國總貿易額的百分之六十，而我國和韓國的貿易額是多少呢？」

答：「我國的總貿易額有五百多億，而對韓國的貿易額，只有五億，佔我國總貿易額的百分之一而已。須要積極努力。」

問：「我國的中小企業的制度，很完善，使我國的出口貿易，始終維持一定的成長，這方面是否可做爲韓國借鏡？」

答：「我國中小企業的制度很完善，引起了韓方興趣，近年來大加模仿學習，目前已經有了實效。」

問：「那麼韓國的大工業、重工業是否值得我們學習呢？」

答：「韓國在一九七〇年代十分重視大工業的發展，以及大企業對高科技的投資，這點是我們不如韓國的，他們的造船業，造車業都比我們強。今年他們銷到美國的汽車，據統計有十萬輛之多！」

問：「聽說他們銷到我國的汽車，不過十多輛而已，和美國相比，眞是小巫見大巫。對了，中韓經濟合作會議，是什麼時候開始的？」

答：「開始很久了，大約有廿年歷史，但是兩國經濟合作進度相當緩慢，幾乎看不到具體的東西。」

問：「爲什麼呢？」

答：「由於兩國經濟發展程度太接近，兩國的產品不能收互補不足的效果。」

問：「我國在別的國家，花了許多工夫，以美國來說，我們派了採購團去，對於美國菸酒進口、關稅降低等，都有特別的措施。而對韓國方面，當然不能比照美國一樣，派採購團。實際上，國人也不可能如此做，因爲他們會說：『韓國算老幾？』美國不管怎樣，是老大哥，因此，今後對韓國方面，有何新措施？」

答：「這個問題，我已擬訂一套辦法，就是呼籲韓國人本來向日本購買的東西，儘量轉向我國購買；本來花五塊錢給日本，在我國頂多也五塊錢，或許還會便宜一點，那不是很好嗎？換句話說，就是促請中韓兩國企業界將自第三國的進口，在可行範圍內，儘量改向彼此採購。」

問：「我國可以這樣做嗎？」

答：「可以呀！我國本來向日本買的，可以轉向韓國購買，現在我們已有幾家公司如此做了，我希望再多幾家，可以減少對日本的逆差。」

問：「這個辦法很好，必能增加對中韓兩國的貿易關係，能否舉些事實呢？」

答：「去年三月，我們機械公司首先將其原自第三國進口的內燃機，改向韓國現代公司採購。接着七月份，韓國現代公司也決定將原自第三國進口的鋼品，改向我國的中鋼公司採購。這些舉措，都是爲中韓貿易開闢了一個新的方向。」

問：「兩年前，我曾到韓國參加中韓作家會議，也參觀了他們的地下鐵，覺得他們的地下鐵造得很好，不遜於歐美；我國目前也正在興建地下鐵，不知道有沒有借重韓方人士？」

答：「這個問題很好，韓國地下鐵造得不錯，這方面的確可與合作；尤其韓國和中華民國，無論環境、社會等條件均極相似。如果我們本來有意與外國合作進行，那大可考慮包括韓國在內；一定有助於兩國的友好關係，可惜我國聘請的都是歐美人士。與其找那些沒有邦交、不相干的外國人，爲何不去找和我們有邦交，且有經驗的韓國人呢？何況這筆錢，本來就要花的。」

問：「既然我國與韓國有經濟上的合作，大可名正言順地聘請他們。請問韓國地下鐵，全是他們自己造的嗎？」

答：「大都是自己分段造的；韓國有幾十家工程公司，都是民間企業，其中頗有經驗豐富、實力雄厚的公司。」

問：「由漢城到蠶室世運會場的地下鐵，也是他們自己造的嗎？世運會車站好氣派，好漂亮，空間又大，通道內，似乎可以開汽車，我去參觀過。」

答：「這條地下鐵，就是他們自己造的，車站也是，可惜國人很少人去參觀，所以不太知道；國人常有這種錯誤觀念，總以爲韓國算老幾？總以爲韓國仍是以前落後的韓國，殊不知他們已在突飛猛晉之中。我認爲加強兩國關係，也可以從工程的合作方面着手。這才是最實際、最具體的，且可以看得到的，使兩國關係更接近。」

問：「趁韓國朋友願意幫忙我們的時候，爲何不趕快和他們建立幾個穩固的經濟關係？因爲我們在政治上、軍事上，由於各國目標不同，而無法建立關係，唯有在經濟上面可以加強兩國關係，可惜，這方面做得不夠積極，尚待加強。在這次外交部所舉行的使節記者招待會中，您是否特別強調這個重要性？」

答：「強調過，但是以大衆傳播爲媒介的報紙、廣播、電視，似乎仍以義士來歸的消息爲主，他們對義士特別關懷，這也是出於愛國心使然。

問：「您駐韓期間，包括這次陳寶忠義士，一共處理了八位義士投奔自由事件，請您說說韓國方面處理的原則。」

答：「由幾次投奔自由的事件來說，我得到一個結論：如果反共義士是駕軍機投奔自由，韓國一定會依照投奔自由者的心願，協助他們完成心願，只是處理時間長短的不同。」

問：「何以這次陳寶忠義士的案件處理這麼長？」

答：「主要的是因陳寶忠駕駛的是偵察機及投奔自由時所造成韓國十分鐘空襲警報，引起韓國安全問題而有所延誤。不過三月六日，韓國外務部已明白表示，陳寶忠可按其意願前往第三國。」

問：「中韓兩國無論在地緣上、歷史文化上，都非常接近，兩國也是積極反共的，是否在文化交流上，多多加強？」

答：「近年來，在文化交流上也正積極在做，但影響兩國的『利益』不大，文化交流只能促進彼此感情的增加，屬於精神方面的。今後仍要繼續發展。至於物質方面，仍然要靠經濟合作，方能見效。必須見到一塊錢、兩塊錢，才能產生實效。」

問：「請您再闡釋一下兩利則合的外交新觀念。」

答：「我認爲國與國之間，完全建立在利害關係上。依我所知判斷，國際關係，必須兩利，始能相合；那有只求自己利益，不爲他人着想而能維持友誼於永久之理？國際政治講的是現實，國與國的交往，向來考慮的是自己本國的利益。就以一九八八年奧運會來說，我國人一定希望能在有邦友國家揚眉吐氣，然亦應瞭解對方受奧會規定所限制，不可能有『爲所欲爲的自由』。」

問：「韓國是否正積極籌備一九八八年奧會呢？」

答：「當然，奧會會場已建造好，目前正大興土木建旅館、築地下鐵；同時爲求提高其國際地位，正積極拉攏各國，曲意承歡，以盡九牛二虎之力，期望得到大多數的國家參加，而能圓滿進行。」

問：「我國人所應把持什麼態度？」

答：「我們不能認爲奧會在與我有邦交的韓國舉行，就可得到一些意外的便利。國人必須要明白弄清楚的是：如果是由韓國自行主辦之運動比賽如中韓網球選手比賽，必然同意我國懸掛國旗、唱國歌，毫無問題。但國際體育活動在韓國舉行者如亞運會或世運會，韓國不過是地主國，不能自行決定辦法，必須依照奧會之決定，對我實施奧會模式。我對此模式如不願接受，應向奧會交涉，而非向韓國交涉。」

問：「一般人常說『弱國無外交』，實際上，眞正瞭解國際關係的人，才知道『弱國必須有外交』，這方面您的看法如何？」

答：「所謂弱國無外交，完全是種誤解。其實，弱國更要外交；尤其以目前國際局勢看，只有弱國才積極努力爭取外交。反之，強國無外交，因爲強國有影響力，容易使他國接受它的立場。」

問：「前美國國務卿季辛吉曾在十年前提出所謂交叉承認；也就是美國、日本承認北韓。蘇俄、中共承認南韓，目前進展如何？」

答：「仍是停留在說的階段，北韓一直持反對立場。不過韓國爲了穩定南韓半島局勢，阻擋北韓南侵，有意利用蘇俄和中共對北韓的影響力。但是中共目前本身內部就已分崩離析，經濟腐敗衰退加上其欲與北韓維持良好的關係不可能貿然與韓國建交，所以雙方將不會有任何進展。」

問：「關於此項政策，韓國人的看法如何？」

答：「韓國非常重視中、韓關係，也沒有忘記當年韓戰的慘痛教訓，對共黨侵略的本質也相當的認知。因此，韓國人對所謂的『北方政策』進行，將會相當審慎，而不致影響中韓邦交。」

問：「蘇俄、中共等共產政權與北韓政權，大同小異，都企圖赤化自由世界，中、韓兩國處境相同，今後唯一所循的途徑是什麼？」

答：「唯一可循的途徑，就是加強鞏固國力。韓國是我國在亞洲上唯一有邦交的國家，中、韓兩國禍福與共，我相信大韓民國國土的統一，必有助於我中華民國；中華民國國土的統一，亦必有助於大韓民國，這正是所謂『輔車相依，唇亡齒寒』的道理啊！」

問：「您公餘常讀中國史書嗎？」

答：「我從小就喜歡讀史書，包括外國的，後來我從事外交生涯後，發現對我幫助很大。」

問：「依您今天所說的『兩利相合』的外交情勢來看，豈不正是史書上所說：『天下熙熙皆以利來，天下攘攘皆以利往』的寫照！您記得這句話的出處嗎？」

答：「如記得不錯，應該是史記的貨殖列傳吧！」

薛大使不愧是位才學深具的外交官；難怪不久前，韓國清州大學要頒贈名譽博士給他，眞是實至名歸啊！（民國七五年四月十九日青副）

釜山到漢城

鄉村風光，如詩如畫

今天十月三日，是韓國的「開天節」，加上明天週末，後天週日，一連有三天假期，機會難得。在朋友的建議下，我收拾了簡單的行囊，前往漢城觀光訪問，開始了我的假期之旅。

北上的特快火車，是早上八點的，我比預訂的時間早到了十多分鐘；秋天的早晨，空氣格外清新，令人精神舒暢無比。

「什麼是開天節？」

在月臺上，我問送行的韓籍友人李良熙。

「開天節，主要是紀念我們的開國始祖檀君，傳說他在紀元兩千三百三十三年前，在太白山脈一帶建立國家。」

良熙用標準的中國話回答。她是留學我國國立師範大學教育研究所博士班的研究生，目前正在撰寫論文。

接著她又告訴我說：

「十月在韓國假日特別多；除了十月一日的軍人節、三日的開天節外，十月九日是韓國的文字節。」

「太好了，十月，在我們國家，也是假日最多的；十月十日是我們的雙十國慶、廿五日是光復節、卅一日是先總統　蔣公誕辰，今年是他老人家百年誕辰紀念日，我國將有許多的紀念活動哩！」

「哦，對了，你們的文字節是紀念什麼呢？」我好奇地問。

「是紀念發明拼音文字的世宗。」

「世宗是誰？」

「是西元一四四六年朝鮮王朝第四代王；由於他的拼音文字代替繁複的『漢字』而掃除了文盲。」

心想，正因他的拼音文字發明，害得我們懂得漢字的人，反而變得文盲了。

不久，汽笛長鳴，和良熙道別後，我鑽進了車廂。這節車廂，乘客不多，有三、四個外國人，坐定後，才知道這是頭等車廂，座位寬敞舒適。

其實，我事先根本不知道車票上有「頭等」兩字，（全是韓文）；是學生好意，替我預購的。在學生心目中，老師應該坐頭等才舒服。別的學校，我不知道，至少，我來到釜山東亞大學執教後，發現學生們對老師相當尊重，譬如說學生不能和老師同起同坐；學生不得在老師面前抽煙，學生遞東西給老師，必須雙手奉上……等，總之，老師的地位是崇高的。而且，韓國的作家和老師一樣，是備受禮遇的。

我靠着左邊座位，隔着玻璃窗，清晰可看到外面景觀。

約十多分鐘後，火車離開了市區。鄉村風光，一覽無遺。遠處的天空，高高的、藍澄澄的，無一片雲彩，使我想到大陸的北國，此時，不也正是「天高馬兒肥」的季節嗎？故國之思，油然而生。

不久，車行經過一個平滑如鏡的江河，又寬又廣。對岸的青山倒映江中，一片湖光山色，乍看如同桂林山水，打開身邊地圖看，才知道，這就是「洛東江」的中游。陽光正在長河中從容沐浴。原來，我每天在東亞大學文學院大樓所眺望的洛東江，正是它的下游。悠悠江水，日夜流向南海，日復一日，永無休止；尤其黃昏時候，一幅「白日依山盡，江河入海流」的畫面，如詩如畫，令人陶醉！

沿洛東江而上，附近有許多不知名的大小湖泊，疏疏淡淡的，如同國畫，偶有無人小舟，橫在江上，任自飄流，使我想到「無風水面琉璃滑，不覺船移」的詞句。

欣賞好長一段時間的青山綠水後，呈現眼前的是一大片平原，但見金黃色的稻穗，在秋風中搖曳生姿。車廂內正播放田園交響曲，令人有豐收的喜悅。

儘管如此，韓國的米，仍是供不應求。不來韓國住，眞不知韓國人飯量之大，一小碟泡菜，一大碗湯就可以吃一大碗飯。

車行速度相當快，路邊偶爾出現一株株黃澄澄的果樹，起初以爲是橙子，仔細研究，原來是結實纍纍的柿子，韓國的柿子又結實又大且甜。

約莫半小時後，才看到一些農家，大紅大綠的屋頂，是韓國鄉下特色。

九點半，抵達東大邱車站。經過市區，但見柳蔭夾道綠意盎然。

東大邱在內陸地方，位於韓國心臟，故掌握到鐵路和高速公路的中樞，文風亦盛。

離開東大邱後，觸目所及皆是起伏丘陵。十點左右，鐵路和高速公路平行，向左邊高速公路望去，道旁許多不知名的紫紅、粉紅、煞是可愛，使我回想到四年前（民國七十一年秋），我曾參加中、韓作家會議後，隨中、韓作家們坐旅行車從漢城到釜山，走的就是這條公路。作家們在旅途中，一路高歌，賦詩，達到以文會友目的。當時情景，歷歷在目。時光匆匆，轉眼今年十二月又將在漢城舉行第六回中、韓作家會議了，屆時，更是義不容辭再度北上，出席會議。想到又可以飽覽鄉下風光時，不禁沾沾自喜。

漢城秋旅，舊地重遊

十二時正，抵達漢城。

首先下榻於明洞這家我所熟悉的S旅館。之所以喜歡這家旅館，一來是乾淨典雅，二來是在大使館附近，走路只五分鐘。

一切安頓好，即開始安步當車，舊地重遊這久違的城市。由於今天是「開天節」，大街小巷，都懸掛了國旗——那面以太極圖及象徵天地日月的四個卦所構成的韓國國旗，和着街道上到處懸掛「歡迎來到漢城參加亞運」的白底紅字横幅，互相輝映。太極圖是紅藍相間的，四角的卦是黑色，印在白色底上，對比鮮明。是韓國旗的特色。

「有朋自遠方來，不亦樂乎?」爲了歡迎來自四面八方的觀光客，韓國不惜動員大量財力物力。聽說爲了這次「亞運」，他們同時造了四條地下鐵。而地下鐵收入只能付利息而已，外債高築，難怪引起大學生的示威抗議。

提到漢城地下鐵，的確造得不錯，並不遜於歐美各先進國家。不過，你一定要懂得路線，能識別方向，否則上行下行會弄錯，要去東城，結果上了西城；上北城到了南城。記得前兩回來漢城，常自作聰明，以爲走對了，那知還是迷了方向。幸好，有路人指引，方抵達目的地。還是那句老話——無英文說明標誌，豈不摸瞎?

但是，這次不同了，韓國爲了配合亞運期間遊客，除了加上英文字外，還在售票口放置許多詳細的地下鐵路線圖，如手掌大小的四方圖片，以不同顏色標記，是免費贈送的。好在，漢城的地下鐵路線不多，不像歐、美各國的如蜘蛛網。

除了地下鐵的路線圖片外，觀光局也印製大量的觀光宣傳品包括市內地圖、名勝古蹟、娛樂場所之簡介等，免費放置各大飯店供遊客索取。可惜，由於金浦機場爆炸事件，使遊客大爲削減，始非所料。

爲了旅客安全，各公共場所，如運動場、旅館、博物館等地均須經過檢查，始得入內，尤其幾家大觀光飯店，可以說門禁森嚴，甚至還有便衣警察出入其間。位於漢城中心區域的南山塔，亦不例外。

海拔二百六十五公尺的南山，是漢城的標誌。從南山塔頂可鳥瞰漢城大江南北。入夜後，更可欣賞到漢城迷人的夜景，漢江橋上的一排排燈光，倒映江中，如同鑽石般閃爍着。從南山塔向山腰步行到八角亭，可乘纜車到山下，只要七百韓幣，比叫計程車便宜多了，是這次的大發現。

東國大學，離明洞不算太遠。來到漢城的第二天，我又再度來訪，猶記前年（民國七十三年）秋，來漢城開會。會後，我因等着看韓國名劇「春香傳」而在漢城多住了幾天。期間，有幸，和薛大使做了次清晨散步訪問記。散步的路線，正是明洞到東國大學的來回。在東國大學的校園中的楓樹下逗留約半小時，印象最深的是：

大使一再強調「外交必須從實質着手去做，而不只是口頭講道義感情的……換句話說，必須找出兩國共同有利，彼此相合的地方。外交，是很現實的，它沒有過去式，只有現在式……」言猶在耳，如今景物依舊，而薛大使已卸裝返國。臨風遙想，能不依依？

有着四十七年外交經驗的薛大使，可以說是大使中最健談的，無論文學、音樂、科技，都可以侃侃而談，讓你如沐春風，而獲益良多。他在駐韓任期內，受到中韓人士一致景仰，不無道理。

此次，來到漢城，凡是提到薛大使的，無不由衷表示懷念之意。一位韓國國會議員，也是英文外交月刊的發行人林德圭博士就說；「薛大使在韓國很有『人氣』，」起先，不懂「人氣」是什麼意思，經過解釋，才知道和「名氣」相同，也有「吃香」的意思。

一位朋友描述六義士來的時候，薛大使正到任不久，開始拜會重要官員；其中包括韓國國防部長。那天，他剛進到國防部長辦公室，部長就告訴他：「大使先生，我要向你道喜，中共送了一個大禮給你。」大使不慌不忙回答：「部長先生，謝謝你的盛情，不過，能不能得到這個大禮，還需要你的支持……因爲如果韓國人把人送回大陸，這個大禮就拿不到了。」這是多麼有技巧的外交辭令，迄今仍傳爲美談。

亞運閉幕，場面感人

連日來，從電視的轉播，報章雜誌的報導，都看到亞運期間各項比賽的盛況；也看到來自亞洲地區各運動健兒在運動場上競技馳騁，拚個你死我活的衝刺鏡頭。韓籍朋友開玩笑說：「自從九月廿日亞運開始，電視就沒有其他節目了，甚至連新聞也沒有了……從早到晚都是轉播比賽。」

不可否認地，今年在漢城舉行的亞運會，正是韓國人驕傲的時刻。也正是他們利用體育實力的途徑，來提高其在國際地位的大好時機。

他們爲了朝此方向努力，早在五年前，成立了專責機構，選拔了數千人，作有計劃訓練，並向工商鉅子籌募基金，以鼓勵體育人才。結果，心血沒白費，就以這次亞運來說，預測頂多拿到廿八面金牌，沒想到，截至十月五最後一天奮戰，竟榮獲了九十三面，比預測的多了六十五面。雖然僅一面之差，輸給了中共，可是却超越了日本，對韓國來說，已經十分滿意了。他們每獲一面金牌，就高奏韓國國歌，升起韓國國旗，觀衆們則不分老幼婦孺，起立揮舞手上旗子，興奮地吶喊着。九十三面金牌，就奏了九十三次國歌，這些畫面，一天出現電視上好幾次。我曾看到韓籍友人的三歲男孩，他正在房間玩耍，一聽到電視在播放他們的國歌時，就自站立在電視機前面表示敬意直到國歌奏完，看了令人感動。

所謂「體力卽國力」，韓國人之所以有如此輝煌的成績，絕非偶然；四五百名選手，光是兩百天的集訓，就是一筆龐大的開支，同時，爲了提高田徑水準，全國田徑協會宣稱：凡是亞運拿到田徑金牌，可獲五千萬韓幣；民間企業家慷慨捐獻，共襄盛舉。結果，重賞之下，必有勇夫，此次，田徑女選手林春愛，一枝獨秀，獲得三面金牌，震憾了全國上下，成爲最出鋒頭的人物。這位年僅十七歲的高一學生，的確替韓國人揚眉吐氣了一番，而她本人更是一個感人的故事，她家境清寒，父親早世，下有弟妹各一，母親在一家娃娃工廠做工，月薪合臺幣五千。

她爲了改善家計，每天努力奔跑，從不間斷。連買牛奶錢都沒有，只靠一碗生力麵，維持體力，直到入選到選手村，才喝到牛奶。電視上記者訪問她時，她說以前看到別人喝牛奶時，好羨慕啊！如今她獲得三面金牌，就有一億五千萬元的韓幣，合臺幣五百多萬元，此外，每月可領合臺幣五千元的終身俸。眞是一步登天，再也不必爲生活發愁了，她母親接受訪問時，喜極而泣，說不出話了。這大概是她最以女兒爲傲的時候了。

儘管韓國體育水準驚人的提高，還是有許多大學生不滿意政府當局在亞運會上所花費的龐大經費，而示威抗議，鬧學潮；他們認爲國內經濟不景氣，外債高築，不該把錢再花在這方面的。這大概就是民主國家必然發生的現象吧？

無論如何，韓國政府，體育界與工商界，推動體育的魄力，是令人佩欽的。相信亞洲鐵人楊傳廣這次來韓觀摩也有同感。

十月五日第十屆亞運終於接近尾聲了，晚上的閉幕晚會，盛況空前各國的朝野人士、新聞記者、觀光客、韓國同胞，濟濟一堂，把會場擠得水洩不通。晚會於七點正開始。

首先由韓國女子着韓服，跳傳統韓國舞入場，拉開序幕。然後是儀隊舉着牌子，引導各國繞場一周；不久奏韓國國歌，同時，一隻象徵一九八八年奧運標誌的老虎出現會場並致詞。接着是傳統韓國的鼓舞，扇羽舞表演，前者紅衣綠裙，頭戴鳳冠，身揹長鼓。後者着黃衣綠裙外加大紅背心，手持羽扇，腰間繫彩帶；先是擊鼓表演，後是羽扇彩帶表演，最後又出場一隊手執紅藍相間的太極圖韓國團扇舞，眞是五顏六色，令人眼花撩亂，遠遠望去好像花蝴蝶一般，滿場飛舞；尤其令人心折的是那鼓舞似乎到了神乎其技的地步。鼓槌時而打在鼓心，時而打在鼓邊，大聲噪噪如急雨，小聲切切如私語，時而轉身反腰倒擊，或輕或重，或急或緩。舞者一律面露笑容，一舉手一揚足，都是那麼嫵媚動人。

所有舞者加起來，計有八百人之多，陣容之浩大，可以想見。此時，以爲節目告一段落，那知又有幾隻由人裝扮的仙鶴跑了出來。鶴，是象徵吉祥的、長壽的，再度獲得如雷掌聲。

利用上半場休息時間，由奧會主席沙國親王帕哈得把奧會旗幟交給將於一九八八年在漢城主辦的奧會籌備人朴世植。接着朴世植致詞，全場燃放焰火，又打出一九八八年漢城見的大型霓虹燈，眞是熱與光的交織。最後所有表演者載奔載舞出場，把所有運動員拉到場子中間，手拉着手，由小圈圈變大圈圈，反覆唱着同一調子的歌；亞洲各國的代表們不分國籍、種族，盡情跳、盡情的唱，像印尼、菲律賓的代表都把人抬了起來，又喊又叫的，一副樂天派；雖然他們得獎不多，但是一點不沮喪；到是中共選手們，各項比賽一結束大都被迫帶回去了；可憐，他們沒能像自由地區的選手們一樣，可以和大家同樂。印象中的中共桌球選手江加良，長得英俊瀟灑，球藝不錯，曾排名世界第一；可惜，以二比三輸給了韓國年僅十八歲的劉南奎。共匪向以桌球稱霸於世，如今也只有向韓國手下稱臣了，却不知那位江加良，回去後會遭到如何的處分呢？同樣是選手，在精神上却有着天堂地獄之別。韓國方面，凡得金牌選手，都可獲每月十萬元韓幣（合五千元左右臺幣）的終身俸；另外，一印度田徑女選手榮獲四項金牌（總共六面），成爲印度的女英雄，這些榮耀，大概非中共選手所能享有的。

晚會最後以韓國民歌阿里郎作結，全場的人拍手哼着，唱着。

觀衆也走到場子中間，紛紛和選手們握手道別。會場的字幕牌上，閃爍着一九九〇年北京見的大紅霓虹燈；不知那時會有這樣充滿自由歡樂的場面嗎？

晚上十二點正，電視上再度播出亞運期間韓國獲得金牌的風光鏡頭，以及觀衆不停揮舞國旗歡呼的畫面。金牌、國旗不時交疊在一起，網球、桌球選手大殺中共的片斷剪輯以及全大統領含笑慰勉得金牌的新聞，亦反覆出現螢光幕上，最後以韓國國歌作結。

寫到此，內心感慨萬分。

大韓民國的處境，並不比我中華民國好；但是他們全國上下努力不懈、埋頭苦幹，期能迎頭趕上亞洲第一強國日本，而登上國際大舞臺。「他山之石可以攻錯」，就以這次韓國主辦的亞運會的成果來看，是值得國人省思的時候了。

脫稿於釜山東亞大學。（民國七五年十一月四日青副）

五月五日這一天

五月五日是韓國的國定假日——兒童節，全國放假一天。

「你們的兒童節，訂在五月五日，有什麼特別意義？」我問韓籍助教淑喜。

「嗯！大概是這個數字好記，而且是春暖花開的季節吧！你們的兒童節是什麼時候？」

「我們是四月四日，是民族掃墓節的前一日，也是春暖花開的季節。」我回答。

「眞是巧合呀！不過，我們有一首兒歌是和『五』有關的，那就是『……右手伸出去五個手指，左手伸出去五個手指……』」淑喜邊唱邊做手勢。雖然唱的是韓文，但也蠻有韻味。

「哈！我知道了，五加五，十個手指，任何小孩都不會忘記這個數字，所以把兒童節訂在五月五日！」我笑着說。

「我想邀請您這一天，和我的姊姊，姊夫帶着他們的三個孩子，一塊去郊外野餐好嗎?」

「太好了!」我不假思索地就答應了。

五月五日這天天氣晴和，春光明媚。一大早就隨淑喜的姊姊一家大小，向「馬山」附近的海上公園出發。

從釜山到馬山，乘高速巴士約四十分鐘路程，時值仲春，放眼郊外。來到了四季分明的韓國，才眞正領略到所謂的「新綠」!看到那些綠油油的葉子，眞想用手去掐一下。青青的柳條在微風中搖曳生姿，樹幹好像脫胎換骨似地又換了一件新衣，大自然是值得歌頌的!

到了馬山後，再又前往碼頭坐輪渡到位於南海的小島——海上公園。雖然碼頭上大排長龍，並未減去人們的遊興。爲了運輸大量的遊客，船的班次也增加了，一艘接一艘地把遊客送到島上。

但見家家大人帶着野餐背囊，手牽着孩童，魚貫上到舢板。孩子們個個打扮得漂漂亮亮，因爲這是一年一度眞正屬於他們的日子。也有祖孫三代出動的，老一輩的，還穿上傳統的韓服。

韓國目前雖大力提倡「一個孩子恰恰好」的運動，以節制日益成長的人口率。可是在重男輕女的觀念下，收效不大。往往看到來自鄉下的人家，拖了三、四個女兒，最小的兒子抱在手中，一看就知道，前面的姊姊是多餘的。在韓國家庭中的「男孩」，那可是一家之寶，好像眾星所拱的「月亮」，這也養成他們大男人主義的原因之一，這是題外話。

在海上行駛約十分鐘，抵達了這座由某企業家所規劃開闢的海上公園。一上到陸地，就看到一個銅鑄的大肥豬，遊客正對着牠拍照。經解釋方知「豬」是象徵財富的。如果睡覺時夢到豬，就會發財。

「眞的嗎？我這輩子從來沒夢到過豬，難怪沒發過財！」我開玩笑說，並暗想以後回到臺北，要是夢到豬的話，趕快去買愛國獎劵！繼而想到要是回教徒來此一遊，看到這頭高聳立着的肥豬被人崇拜着，不知做何感想？

島上的遊樂區，包括了動物園、遊樂區以及野餐區。走馬看花的印象是：動物園內最多的是孔雀、鴛鴦、飛禽類，大概是寒帶地區的關係，猴子算是稀有之物。

倒是遊樂區，人潮洶湧，遊樂設備似乎全世界一樣，不外乎雲霄飛車、太空梭等。今天是兒童節，是兒童盡情歡樂的日子，大人只有站在一旁觀看，拍照的份。

韓國的兒童節是全國上下放假的，連公司行號也都休業，爲的是陪孩子郊遊，或參與兒童活動。

遊樂區中，不時傳來兒童節的歌聲：

「飛吧，鳥兒們，飛到蔚藍的天空。

我們一起手拉手，飛奔到青春的野外。

五月的晴天啊！我們在長大。

五月是兒童的日子，我們的日子……」

韓國的兒童，是幸福的，他們的童年充分享受到母親的撫慰與照顧的。至少，在人家沒有「鑰匙兒童」、「問題兒童」的名詞，婦女一旦結婚，就得把工作辭去，回到廚房，扮演一個標準的家庭主婦。很少有夫婦同時外出工作的。她必須無微不至地，全心地照顧丈夫與子女。儘管韓國是大男人主義，但是薪水袋都是交給太太的，要喝酒時，再伸手向太太要，這點是可取的。同時我發現韓國的太太比中國的太太輕鬆多了，她們的生活步調，不像我們做職業婦女的那麼緊張。我國的婦女白天上班，晚上回到家，連看電視的時間都變成奢侈，大多數職業婦女一進門就來不及地衝到廚房……而先生却可以在客廳喝茶看報，似乎是勞逸不均，這又是閒話。

隨着人羣在綠蔭中穿梭，不知不覺來到了山頂一片綠草如茵的世界，使我眼界大開，心曠神怡。原來這是人工剷平的山頂平地。上面不是自然的草坪，而是人造草皮，放眼望去彷彿是一片廣大的青青草原而不像是人爲的，幾可以假亂眞。走在地上，軟軟地，好像踏在地毯上。這種人工草比自然草還要整齊乾淨。是專門供遊客野餐用的。

數也數不清，到底有多少家族來此野餐？但見人頭鑽動。人們把帶來的蓆子打開席地而坐，把野餐的用具食物排列起來，這種蓆子設計得很好，不用時可以折疊成四方形，有手把可拎在手上。

天眞爛漫的孩子們，像出籠的小鳥，在暖春初夏的陽光下跳着、奔着、享受快樂的童年。

所謂一家烤肉幾家香，在此地眞正領略到了。他們所謂的「野餐」不外乎烤肉、白飯、壽司、以及應時的生菜、水果。因爲烤肉的關係，迷你自動瓦斯爐，非常普遍，各式各樣，精巧方便又安全。不過，烤肉的方式，適合於家族或五、六個人較理想，人太多，就供不應求了。我看到一個大的團體，約三十來人，圍成一圈，現成的食物放在一箱箱紙匣內，有二、三個人在中間空地負責分發，走近細瞧，原來是一片片的生魚，是冷凍過的，包在生菜裏，吃得津津有味。一般來說，只要是海鮮類，他們都是生吃，包括海參在內。他們說這樣才保存原味。

至於甜食，則以糯米做的糕類爲主，裏面也摻了紅豆，是婦女們愛吃的。

至於泡菜（韓語金基）那是三餐不可或缺的，就是野餐，也是必備的東西。韓國的主婦沒有不會做「金基」的，他們在結婚之前，必先向娘家學好做金基，才可嫁到婆家。以前純用白菜、蔔蘿。現在經濟繁榮，品味也提高了，除了辣椒粉外，在白菜葉內，還裹以鮮魚末或板栗之類的。

五月正是小蘿蔔上市的季節。選未長大的小蘿蔔，又嫩又甜、水份又多，他們叫「總角金基」。「總角」的本意是未成年的小孩，放在「金基」之上，是否表示這種金基的幼嫩呢?耐人尋味。

儘管韓國的經濟起飛，但是從他們生活來看，却仍然保持並維護了傳統習俗。

巧的是；五月五日這天，正好是陰曆四月八日，是釋迦牟尼誕辰，也是韓國的佛教節，如同九月廿八日是孔子誕辰，也是我們教師節一樣。韓國的教師節却定在五月十五，沒有放假，學生可以請老師到郊外野餐。

佛教節，在韓國也是重視的。這天，全國佛寺舉行佛誕法會，並舉行繞塔、提燈會等，給兒童節又增加了熱鬧氣氛。

不過，從晚間電視新聞來看，仍以兒童的活動爲多，尤其是體操方面。從健康活潑的兒童臉上，彷彿已看到韓國未來的美景。

韓國政府爲了配合一九八八年奧運時，來自四面八方的遊客，特別向各學校呼籲，把明年的所有旅遊（如畢業旅行等），儘量提前到今年，以免屆時造成擁擠現象。同時可保持名勝區的清潔。這種「嚴以律己，寬以待人」的精神，是令人欽佩的，使我想到小時候，家中請客時，總是把我和弟弟趕到廚房一樣；等客人走了，才可進到客廳。

一九八八年的奧運，是韓國國內的大事。由於政府的呼籲，今春的各地遊客驟增。正顯示出了生活在繁忙的工商社會中的人們，越來越迫切地需要大自然的調劑了。

前面提到韓國人「寬以待人」的精神，這在公共場所的化粧室中，得到印證。在洗手間（他們叫化粧室）中，通常有一間的門上掛了一個「外國人用」的牌子，這間特別是馬桶座的，也有衛生紙設備。外國人有內急時，不必和別間一樣，等排隊，就可解決，我就經常受到這個禮遇。使我想到去年亞運會開幕時，金浦機場的爆炸事件，好像某英文報有這樣的標題：「幸好，無外國人死亡」，可以說韓國人是個當相重視「面子」的民族。

爲了八八年的奧運，目前全國各地，仍不斷大興土木，各風景區、積極整修維護，以迎接來自各國的遊客，各旅行社正在各顯神通地招攬生意。

相信，到時必有不少遊客，順道前來中華民國訪問觀光。未雨綢繆，不知我國的有關單位，以及各旅行社是否已及早做好萬全之計，以免到時措手不及啊！

——寄自韓國釜山（民國七六年六月廿三日青副）

森林中的故事

「松下問童子，言師採藥去。只在此山中，雲深不知處。」每次走進這個松樹林時，總會情不自禁地低吟着王維這首詩。

松樹林裏有一條潺潺的泉水，日復一日，不捨晝夜地流着。韓國人稱它爲「藥水」，可以消除百病。這裏放置了兩個瓢，人們經過泉水時，可以喝上幾口，却不知藥水和草藥有無關連。

位於東亞大學第一校園旁邊的大新公園，是釜山名勝之一。鬧中取靜，特別以「藥水」聞名。

這是一座由千萬株樹林以及一條溪流，一泓湖水所構成的清新脫俗的天然公園。

森林中以松、柏、楓樹最多。還有許多不知名的高大樹木；春天時，萬紫千紅，美不勝收。如今六月初夏，正是一片醉人的綠。我喜歡沐浴在這繁枝綠葉的叢林之中。

一株株參入雲霄的林木，青翠的樹梢在空中相互交錯，彷彿一個綠色的帳幕，向四周垂下。獨自漫步於林間小徑，呼吸着林中濾過的新鮮空氣，以及夾着淡淡松柏葉的清香，使人精神爲之一振，全身爲之舒暢。刹那間，彷彿有脫胎換骨的神妙感覺。

不知打何時起，我深深地愛上了這個林子。

友人來信說：「心情不好時，多看看大自然的風光景色吧！」

是的，韓國的自然景觀，的確解除我不少鄉愁。其實，我並非多愁的人；做客他鄉以來，儘量使自己保持樂觀。人生並非想像中那麼如意，也非想像中那麼壞，一切悲劇乃由自己造成。我熱愛生命，熱愛萬物。看看路邊的小草，樹上的嫩葉，都會帶來幾許喜悅之情。「生命原是生生不息的！」不是嗎？才感嘆花的飄零時，稍不留意，枝頭上已是果實纍纍。生命不正在花中、果實中默默地傳遞嗎？

溪流是森林中的靈魂。有了它，才顯得生動活潑，尤其雨後的溪流，「嘩嘩」之聲，如同天籟。

這條寬闊的溪流，源於半山腰，中間經過好幾層的石床、石潭，向山腳奔瀉下來。由平地往上看去，彷彿起伏不平的白練、光光亮亮地、一折又一折地，從空中鋪灑下來，把兩岸的林子反映得特別亮麗。想像中王羲之在蘭亭集序中所描繪的「茂林修竹，清流激湍。」大概就是這樣的景象吧？可惜，天地者，萬物之逆旅。光陰者，百代之過客，此時此地已無當時的賢士雅人在此列坐，享受流觴曲水的情趣了。

這天，我又來到了林間。坐在松樹下，仰望天空流過的微雲，覺得自己好渺小，突然想到徐志摩的詩：

「我是天空的一片雲，
偶爾投影在你的波心，
你不必訝異，更無須歡喜。
在轉瞬間，消滅了蹤影。」

我輕輕地哼着。吟詩、唱歌眞是一劑消除煩悶的良藥，也是情感的發抒。不是嗎？

校園那邊，示威的活動正在舉行。一羣意氣風發的大學生們，正高唱着反政府的示威歌。歌聲、鼓聲，驚天動地。爲了六月十日民正黨所舉行的黨提名大會，各大學都在舉行一連串的示威運動，雖然韓國政府動員了大批警察部隊戒備及鎮壓，但是學生仍是樂此不疲。校園內以及校園附近，不時瀰漫了警察所施放的催涙彈，大有行不得也之苦。韓國學生示威只限於校園內，不可走出校門半步，否則警察毫不客氣地施放催涙彈，每遇示威時，大新公園就成了我的避難所。眞懷疑，他們的學生運動具有多少成效？

其實，示威的人，永遠是那些不滿分子。不示威的也不明白爲什麼那些人要示威？在韓國的學生是多樣化的，有些學生不管你怎麼鬧，他過他無憂無慮的大學生活，青春歲月。三五成羣坐在森林清溪邊，喝幾瓶濁酒，唱幾首歌兒，一副逍遙自在，置身世外的樣子。

當然，也有些學生，從早到晚，在圖書館內，埋首苦讀，外面的喧譁聲，充耳不聞。

「老師，您好！」一位學生來到林間，跟我打招呼，手上拿了本英文雜誌。他是努力好學的學生，中國話說得很流利。

「從圖書館來嗎？」我問。

「是呀，已經坐了一天，出來活動一下筋骨。」

「我喜歡像你這樣讀書的人，學生的責任就是讀書，爲什麼把時間消耗在示威活動呢？」

「老師，您知道嗎？那些搞示威活動的人，都是頂尖聰明的人，像漢城大學的學生，都是不容易考上的。他們鬧得更厲害。」

「來到韓國快一年了，仍然不明白勞民傷財的示威活動，究竟有何意義？你們的大學生似乎是太任性了！」

「我也不知如何向您說明，最好您在韓國再多住幾年，那麼，您就可以親身體驗，而有所瞭解了！」

「好了，好了，我們不談政治吧！」接着他告訴我他花了一整天的時間看完了在Time上面所刊登的「Life and Death in Shahghai」實在是太令他感動了，是這期 Time 中最精采的一篇，看了這篇文章，使他的思想得到許多淨化作用。

「眞的嗎?」

我眼睛睜得大大地，一邊從他手上接過這本六月八日出版的「時代週刊」。封面正是中共文革期間的一羣紅衛兵，也是「生與死」的封面故事。他急忙幫我翻開第二十二頁，顯著的「Life and Death in Shanghai」英文標題映入眼簾。右下角是一幀作者 Nien Cheng（鄭念）的照片，歷經創傷的面龐，仍可看出其端莊而高雅的氣質。

我激動地告訴他：

「你知道嗎?這本書已轟動歐美各國。我正想找她的原著和中譯本來看，既然你已看過了，可不可以告訴我，你的感想呢！」

「太好了，不過原著有五百多頁，這裏面所刊登的十三頁，只是濃縮的部分。」

於是，我們坐在溪邊松樹下，話題轉到了「生與死」的這篇文章。

「作者，眞是一位堅強的女性！」

這是他的開場白，接着他點燃了支煙，側過身猛吸一口（韓國學生不可在老師面前吸煙）說：

「作者鄭念，眞是愛她的祖國啊！她和她丈夫早期都是留學英國的知識分子，後來回到祖國，一心一意要參加建設祖國的行列，効忠祖國。甚至共產黨到了上海，他們都死心塌地的沒有離開上海，夫婦倆都在上海的英國殼牌石油公司工作。」

「是呀！他們把中共幻想得太天眞了！當時沒能出來，是嚴重錯誤！」我說。

「不幸，後來他的丈夫去世了，她和她唯一的愛女Meiping（梅平）相依爲命，做夢也想不到中共把她的女兒也殺害了。」

「爲什麼中共紅衛兵一直找她麻煩呢？」

「因爲她是屬於有產階級，紅衛兵說她是資本主義的走狗，是『反革命分子』，是『間諜』！」

「爲什麼是間諜？」

「因爲她替英國石油公司做事，而她的妹妹又在美國之音工作。」

「眞是莫須有罪名！」

「她從一九六六年九月到一九七三年拘押到拘留所一直被拷問、虐待，過着非人的生活。後來中共以爲她患了癌症，快要死了，才把她釋放出來。」

他熄滅了手上煙蒂，回過頭向我說：

「她好愛她的女兒呀，當初她把女兒帶回中國大陸時，女兒才只有六歲！爲了保留她老命，好和女兒見面，她忍受了在拘留所長達六年六個月的慘絕人寰的日子。……可惜，她釋放後，並沒見到她寶貝的女兒。女兒梅平在她入拘留所的第二年就活活被紅衞兵整死了。」

「什麼理由呢？」

「她的女兒說她母親無罪，而被紅衞兵活活打死的。然後把她的屍體從九樓下來，說她是自殺的。因爲有人看到一批紅衞兵把她女兒拖到高樓的。」

「梅平是爲了替母親伸寃而犧牲自己，眞是好可憐的女孩。在文革期間，人命眞不值錢！」

「我覺得作者在拘留所的一段日子，好悲慘啊！我看了忍不住流了淚。」

接着他做出雙手被手銬反銬在背後的樣子！然後彎着腰，趴在地上吃飯的樣子。

「簡直連狗都不如啊！」我說。

「由於長時期雙手被手銬銬住，兩臂變得又腫又粗，拘留所的人常把她當皮球踢，因胃裏空的，吐出來的都是白水。」

「幸好，她沒死去，上帝保佑她活在人間，正好做爲中共『文革』期間，人類浩劫的見證人啊！如果她死去，就沒有這麼一本轟動世界的巨著了。」

「我眞希望能看到原文，聽說目前已有好幾國文字的譯本。」

「我想辦法弄到原文給你，最好你翻譯成韓文，讓世界上所有的人知道共產黨的罪行。以及浩劫餘生的鄭念，在中共『文革』期間，她所親身遭遇生離死別的慘痛經驗。」

「同學們都看了這篇文章嗎？」我問。

「沒有，他們都在忙期終考，有的在鬧示威………」

「希望你多拷貝幾份，介紹同學們看看。」

接着我問他暑假有什麼計劃？

他說，暑假開始，他將去某寺廟小住。乍聽以爲他看破紅塵，經解釋方知韓國有許多寺廟是可供學生讀書的，膳宿費按日計算。

世風日下，居然還有在深山隱居苦讀的學生哩！

當然，天下沒有無酬之勞，這位學生是準備參加明年舉行的公務員特種考試，這類考試競爭激烈，非有眞才實學不可。

使我想到古時候，十年苦讀沒有人問的學生，他們困在陋室，倚窗展讀，無非抱着一舉成名天下知的所謂學而優的功名思想。所謂風聲、雨聲、讀書聲、聲聲不忘朝廷也。

「我也跟你一塊去寺廟讀書，好嗎？」我開玩笑說。

「你要讀什麼書呢？」

「讀讀你們韓國的近代史呀！」接着我又說：

「今天很高興，在這空氣清新的林中，你給我介紹了這麼一篇感人的文章，而沒去參加示威活動。」

此時，暮色四合，走出森林，經過校園時，示威的人羣已散。空氣中仍殘留催淚彈的餘威。令人噴嚏不已，涕淚縱橫。腦子裏仍浮現出「生與死」文章中一幕幕

悲慘的景象。（民國七六年七月廿八日青副）

玉不琢，不成器

筆者旅居韓國期間，雖看不懂韓文廣告，但却注意到一些公司行號中所懸掛的「漢字」格言、俗句及某些宣傳詞。仔細推敲，也兼有反映一個國家、社會風俗人情的作用。

健齒長壽

俗語說得好：「留得青山在，不怕沒柴燒。」身體就是本錢。尤其隻身在外，不比在家。天冷了，要加衣。天熱了，要脫衣，不敢掉以輕心。一切善自保重，好自爲之。

可是，最近却「心不甘，情不願」地去了趟牙科醫院；之所以「心不甘，情不願」是自認牙齒不錯，生平很少光顧牙科醫院。沒想到，這次到了國外，反而坐上了牙科的診療椅。就這一坐却給了我莫大的啓示，當我正要張大嘴接受牙醫師的治療時，對面牆上的一幅字，像吸鐵磁般深深吸引了我。那就是「健齒長壽」四個大字，因爲是漢字直書的，令人感到特別親切。

仔細玩味這四個字，實在太有道理了，要「長壽」，當然先得「健齒」！像是打了針強心劑，使我剛坐上診療椅時緊張不安的情緒，立卽得到鬆弛。

其實，世界上許多事並非想像中的嚴重，何況，只是小小的蛀牙。

巡視韓國的牙科醫院的設備，稱得上完備新穎。醫師大都留學日本。韓國人對牙齒的保健，可以說相當重視。一般看來，他們都有一排潔白整齊的牙齒。這方面的觀察，可從去年在韓國所舉行的亞運大會得到證明。

回憶去年亞運期間，每天電視上可以說從早到晚都是有關亞運的各項比賽節目。看吧！那些生龍活虎的韓國選手們，每獲得一項金牌時，或接受記者訪問時，所展現的得意微笑，以及觀衆們不停揮舞國旗吶喊的風光鏡頭……他們所露出的一排排潔白整齊的牙齒，不時交叠在螢光幕上，迄今仍清晰地印在我的腦海中。

初來韓國任教時，第一天到個人研究室，助教就遞給我一套全新的牙膏牙刷，經解釋方知，是午餐後使用的。難怪，無論辦公室、個人研究室，都有盥洗池的設備。他們習慣三餐飯後必刷牙。而且，發現韓國牙膏的品質相當好。

他們對於眼睛的保健，和牙齒同樣重視。我曾經過一家眼科醫院，隔着玻璃門，清晰地看到裏面的兩個橫輻，其一是「光明淵源」，其二是「放大光明」，耐人尋味。

讀書向學

凡是有學校的地方，必也是書店林立之處。我所執教的這所大學也不例外。其中某書店位於進大學的巷口。之所以知道它是書店，完全由於店面四扇落地門上的廣告，那就是白底藍字的「讀書向學」四個漢字。從右到左，正好漆在每扇玻璃門的上方。四扇門拉起來時，四個大字清晰可見。據說藍、白兩色特別爲韓國人所喜好，他們的帖子，大都是這兩種顏色。

倒是「讀書向學」這四個漢字的廣告，可眞有學問，任何人看到，都會情不自禁地拉開中間的兩扇門，進去瞧瞧。但見看書與購書的人，在書堆中摩肩接踵，像是鑽進書的寶庫。

學校有兩個校園，第一校園的建築比較舊式。某次，經過校園中的一家書店，一進門就看到一幅聯：「一日不讀書，口中生荆棘」，是韓國某名書法家所題，字體圓圓胖胖的。使我佇足玩味半天，覺得天下許多道理是相通的，中國不是也有一句諺語：

「一日不讀書，便覺得語言無味，面目可憎」麼？

另外一家書店的橫幅更好，那就是：

「披書聞香」四個字，正是我們俗語所說的「讀書之樂樂無窮」吧！

以上所提到有關鼓勵人們多多買書讀書的格言，在大學的圖書館也曾見到。

提到讀書風氣，我覺得韓國大學的圖書館大有人滿爲患的感覺，經常一大早就得到閱覽室佔位子。尤其那些準備考公務員資格的學生，似乎朝夕埋頭苦讀。所謂「學而優則仕」的觀念，仍深植人心。

韓國近年來，大學教育的發達，出人意料。中與以人才爲主，目前各理工科的教授大都是留學歐美的歸國學人，其中以留美的博士居多。同時我驚奇地發現，他們的資訊相當發達。幾家大的書店，可以看到最新翻版或譯自日文的有關科技方面的書籍。

人家物質進步，却不忘文化的提升。從釜山車站到東萊的地下鐵中，許多的月台上，竟然有一排排的書架，裏面陳列了由各界人士捐獻的書籍（包括聖經、佛經），希望人們借着等車的空檔，順手翻閱一番。見賢思齊，當我們的地下鐵路完成時，不妨效法。

天衣無縫

無意間，在一家服飾店內，看到用漢字直書的「天衣無縫」四個斗大的字。掛在進門口的牆上，覺得很有意思，而且發現韓國人坦率得可愛。這句話大概是表示他們的裁縫師，技藝高超巧妙，看不到衣服縫合之處吧！這家服飾店也接受訂製衣服的。

提到成衣，走到街頭，到處是堆積如山的成衣店。在此可以看到許多外國的名牌，（都是技術合作的），價廉物美。韓國人在吃的方面不講究，重視的是穿着。我們是以「食」爲先，他們是以「衣」爲先。尤其是女人，四季的衣服不斷推陳出新，男人則以西裝爲主。天冷時，外加風衣。風衣的手工，質料都很好。至於成衣攤販，都集中在熱鬧的市區中，人來人往，擠得水洩不通。

有趣的是前面所提到的這家服飾店的不遠，有家「茶苑」，裏面的一輻「茶道無門」橫匾，和「天衣無縫」兩相對照之下，覺得各行各業在其宣傳的手法上，眞是挖空心思。這家茶苑內，陳列了大大小小的茶具以及各種茗茶，吸引不少觀光客。

一個恰恰好

這是韓國近年來，爲了節制人口成長率而發起的口號，（過去是兩個恰恰好），儘管如此，在韓國重男輕女的觀念下，很少說生了女兒，而停止生育的。就算是生一個吧，聰明的孕婦們可以請醫師做性別的鑑定，如果是女胎，則不惜墮掉再來，眞是「道高一尺，魔高一丈」。韓國政府爲了防範日益嚴重的男多於女的人口趨勢，已擬訂檔案，明令禁止醫師替孕婦進行「性別」的測定。違者將被吊銷營業執照。

然而，在以男性爲中心的韓國社會，「一個恰恰好」的運動，實非一蹴可幾。常看到一家出門時，帶了一大堆孩子。從最小的兒子來看，前面的幾個女兒似乎是多餘的。在韓國，大學女生畢業出來，找工作相當困難，最後還是走進廚房。她們非常羨慕我國的男女平等。

玉不琢，不成器

無可諱言地，一九八八年的奧運大會，是韓國國內的首要大事。爲了八八年，全國上下努力以赴，並作好萬全的準備。

韓國經濟發展，後來居上，已在國際間構成我們貿易最大的競爭對手，在體育人才的造就方面，更是不遺餘力。

電視上經常播放韓國選手們，爲參加八八年奧運，正在集訓的情形，而「玉不琢，不成器」這句話已成爲目前流行的格言。

當螢光幕上出現這句話時，立刻震撼了我的心。這不正是出於我國的三字經嗎？眞是至理名言；一塊玉石，不經過琢磨，是不能成爲一件名貴的器物的。如今，却成了人家舉辦奧運的金玉良言了。

所謂「體力卽國力」，在去年的亞運會上，從他們獲得多項金牌來看，正是他們努力不懈，鍥而不捨的成果。「天下沒有不勞而獲的事」，尤其是在運動場上，所表現的就是實力，假也假不了。

近年來，韓國政府也好，體育界與工商界也好，出錢出力，都在大力推動卽將來臨的奧運大會；其他如捷運系統的興建、漢江的整治、古蹟的發掘、風景的維護、文化的發展，一切都因奧會的舉辦而在積極進行，大有一日千里之勢，藉此以提高其國際地位。

「他山之石，可以攻錯」，以他們那種認眞磨練，努力奮發的精神，值得國人省思。（民國七六年八月卅一日中副）

杯子與被子

外國人學中國話，在寫或看方面比較容易；難的是聽和講。同樣的意思，中國話有不同的說法，如怎麼搞的、怎麼回事；了不起、了不得；更容易混淆不清的是聲調，不同聲調，意思便有差別。

年來在韓國執教中文，在日常生活中，韓國籍學生因語言的隔閡而產生的誤解，鬧了不少笑話，信手記下幾則，博君一粲，並慰背井離鄉之愁。

1.

某天在茶房裏，我告訴一位學生：

「韓國被子眞好，昨天我在國際市場買了一個被子，又便宜又好。」

「多少錢呀！」

「只有一萬五千元，合臺幣不到六百。」

「啊！很貴呀！」

「一點也不貴，質料很好，上面還有花紋。」

他啜了口咖啡，皺了皺眉頭，指着桌上裝冷水的玻璃杯或裝咖啡的瓷杯，問我：

「是玻璃的？還是瓷的？」

2.

韓國話的聲調大都是平平的，要他們分辨中國話的四聲，的確很困難。

某學生帶我去釜山附近的溫泉名勝地—釜谷。車行途中，他突然側過頭來問我：

「老師，你帶了香蕉嗎？」

「香蕉，爲什麼帶香蕉？韓國的香蕉很貴呀！」

我正在遲疑，他却從手提袋中取出一塊香皂說：

「沒關係，我已替老師準備了，這香蕉的香味很好！」

3.

四聲難辨的毛病，不僅外國人會犯，中國人也一樣。尤其遇到帶有方言口音的國語，問題就來了！某天，某學生帶我去吃餃子，席間告訴我一則趣譚。這家館子的老板是山東人，以前有位從香港來的中文老師，一口帶廣東腔的國語，他向老板點了盤「煮餃」，結果端上桌一盤「豬脚」，弄得這位老師啼笑皆非，只好將錯就錯，另外再叫一盤「水餃」。

連中國人都會因發音不同而產生誤會，又難怪外國人呢？

(民國七七年一月六日中副)

韓國電視機前看大選

韓國的電視新聞特別多，充分發揮電視的傳播功能。就此次韓國大選來說，爲了灌輸老百姓民主政治意識，早在十一月中旬，連續在每週晚九時，由KBS播放有關美、法兩國歷任總統選舉的紀錄片。從黑、白到彩色，一一呈現在觀眾眼前。無形中，產生一種潛移默化的作用，投票率亦隨之提高。

除了影片的介紹外，電視上不時出現提醒民眾於十二月十六日前往投票的廣告。此次國民投票率高達百分之九十，不得不歸功於電視上的大力宣導。

不管大選後的後遺症如何，至少國民參與政治的意識，是很濃厚的。在促進民主化的道路上，向前跨了一大步。

韓國人做事之快，由目睹電視上的開票情形，得到證明。

在十六日傍晚投票結束後，隨即根據全國二四五個開票所的開票結果，通霄達旦，報導各候選人得票率，票數一一在電視上顯示出來。將近二千三百萬的票數，在次日下午全部開出，速度之快，令人咋舌。而觀眾更是緊張地守在電視機前面，好像大家都爲電視而活。不緊張的是我，一會兒替他們冲咖啡，一會兒替他們煮消夜，甚至在三更半夜去樓下的超級市場替他們買香菸。平時，學生不得在老師面前吸菸。但是，此時此地，亦顧不得這些禮節，因爲情況太緊張了。

此次大選，由於三金一盧實力相當，各候選人爲了爭取勝利，不惜投下大量金錢，據估計花了韓幣一兆八千億，嚴重地造成了通貨膨脹。不知有沒有人統計過十六日至十七日，坐在電視機前民眾所消耗的菸、酒、咖啡究竟有多少，相信也是筆龐大的數字。

就以我的一位學生在投票次日，告訴我說：

「我昨晚在電視機前抽了一包煙，三杯咖啡」。

由此看來，韓國大選，除了投入選戰的龐大金錢外，其他諸如選民的消耗，亦是一筆難以估計的費用啊！

釜山人的政治意識較其他地區濃厚，民主黨候選人金泳三的家在巨濟島。競選期間，深獲釜山地區人民的支持。聲勢浩大。但是投票結果，由盧泰愚當選總統，一些崇拜金泳三的大學生們，沮喪著臉說：

「眞沒想到金泳三的票數，竟差了將近兩百萬票。」

「誰要你們兩金同時出馬呢?兩金的分裂，正是民正黨候選人盧泰愚獲勝的關鍵。」

「說得可不是嗎?眞是氣死人啦」。

某生背轉身，猛吸口煙，用標準國語說。

「別難過，競選本來就有輸、贏，你們的國家需要在安定中求進步，這不正是盧泰愚所主張的嗎?」我說

「其實，盧泰愚的得票率，並不高，只有百分之三十六點一。」某生說

「爲什麼呢?」

雖然他們沒回答我的問題，我早已從競選以來的電視機裏，所看到一幕幕因地域感情而引發的仇恨；而舉行的示威活動，得到答案。這情況愈接近投票日，愈形激烈。幾乎到了不可收拾的地步，這也正是地域仇恨左右了票源的重大原因。

有人說韓國的大選，像一場充滿著暴力的偵探片，不到最後關頭，不知結果。

事實如此，從競選以來，電視上看到各候選人在零下氣溫下，在各地發表政見的熱烈情況。以及螢光幕上，倒數投票的日期，一天天減少時，一直看不出究竟誰是贏家?甚至在投票前夕，仍有些觀察家認爲金泳三可獲當選……。

直到十二月十七日下午在長達十小時開票結果後，當選人揭曉時，終於反映出韓國大多數的人民，仍以國家的安定與利益，做爲選舉的首要因素。

（民國七七年一月十一日青副）

一見如故

外國人把中國成語，得體地運用自如是不容易的，我有一位很用功學中文的學生，背了許多中國成語，某次，他愁眉苦臉地說：

「中國成語眞難，我常常一遍兩遍讀，但是進步很慢，不能『得寸進尺』」。

這位學生已不止一次令我捧腹，記得第一天上課，我向同學們問好，在開場白後，要學生自我介紹時，他就突然冒出一句。

「老師，我們『一見如故』啊！」

當時我見他一本正經地說，只好幽他一默：

「眞的嗎?那我很高興，在這世界上你們韓國人，是我們最親蜜的朋友；所以，我們一見面就好像老朋友一樣……」

他的想像力豐富，又勇於發言，某次，他指着校園後面的一座山丘說：

「老師，您知道嗎，本來山上有很多樹木，有一年，因爲山上『發燒』了，燒死了許多樹木花草，所以現在看起來沒有以前好看。」

「發燒？山也會發燒？」

原來他以爲發燒、起火是同一個意思，就好像他們常把『奶奶』聯想到「牛奶」，難怪有一次，我問一位剛學中文的學生，「家有些什麼人？」，他緊張地回答：「我家有……『牛奶』、爸爸、父親、母親……」

提到發燒的「發」字，實乃中國字的微妙處，如發昏、發愁、發財……眞是令學生聽得「發愣」！

外來語的翻譯；或直譯、或表意，往往是令人拍案叫絕，如可口可樂、百事可樂、安琪兒、維他命、啃大鷄、迷你、蜜斯、或太空人、自行車、隱形眼鏡等，這些專有名詞，是韓國拼音文字所缺乏的，也是中國話精妙之處。

所以，當我第一次聽到用韓文發音的「TV NEWS」時，耳朵還沒習慣，我問他們：

「韓國話的電視機怎麼說呢？」

「就叫TELEVISION，我們用外來語。」

接着一位頑皮學生問我：

「HOT DOG，你們叫什麼呢？」

「『熱狗』！就好像有種洋酒，我們叫它『約翰走路』一樣。」

學生們嘖嘖稱奇。

「外來語到了我國，全變成符合中國文義的方塊字了，行爲雖然看起來笨，但是功夫下得深，這正是中國語言文字，耐人尋味的地方啊！」

（民國七七年一月廿一日中副）

從經濟起飛談中、韓生活品質

——生活，道德，知識所結合的社會——

生活在廿世紀裏的人，最大的危機是人類精神、意志、遭到摧殘和腐蝕。

近幾年來，中韓兩國在經濟上的快速起飛，而成爲「亞洲四小龍」之列，的確令人刮目相看。但是，由農業社會進入工商業社會的型態中，如何使人們在追求物質生活外，而提高生活的品質、或素養是項重要問題。

所謂現代生活的品質、不外乎衣、食、住、行以及娛樂等五方面來說。

之所以把「衣」放在首，是因爲韓國人對「衣着」特別重視，似乎在「食」之上。

曾在一家服飾店內，看到用漢字直書的「天衣無縫」幾個大字，正可印證韓國人對「衣着」要求之高。

韓國人在「穿」的花費上，是筆龐大的數字。和我國花費在「吃」的方面，正好相反。男仕們從早到晚，都是一套同色的畢挺西裝，女仕們更是天天像做客一樣，四季不同的衣服，推陳出新。

街上服飾店之多，令人目不暇給。尤其是「女裝」部了。

「愛美」是人的天性，如果一味地追求時髦不着實際，則造成虛榮，浮華之風氣。所謂「由儉入奢易，由奢入儉難」，足以為戒。

食的方面，比較起來，不是那麼講究，常常看到穿着時髦的女子，站在路攤旁邊吃東西。「吃」也是項藝術，但是一般小店，魚或肉骨頭隨地亂吐，實在欠雅觀。

「吃」的方面，韓國比較保守，一天三餐少不了米飯或泡菜。這方面，我們受西方影響較深，早餐一杯牛奶兩片吐司就可以解決。

我國由於過去吃的方面太浪費—往往大魚大肉、山珍海味一塊上桌，近年來在大大推行所謂的「梅花餐」，就是五菜一湯，而且實行公筷母匙中菜西吃（自助餐）運動，以提昇生活品質。

住的方面，韓國一般的公寓，如雨後春筍，到處林立，但內部空間多不夠大，與朋友聊天、約會大都在「茶房」。

「茶房」成爲韓國街頭一大特色，十來廿步就有一座茶房。名之曰「茶房」，實際上亦包括了咖啡、牛奶等供應，價廉物美，是一般人喜歡去的地方。

中國有句話：「爲名忙、爲利忙，忙裏偸閒，喫茶去。」可見，喝茶，也是生活中的調劑。但是現代人的生活異於農業社會的生活，農業社會人們在茶館喝茶時可以高談闊論，但是現代生活，必須要顧忌到大眾。有時在茶房，常碰到一些高聲談話，不知把音量放低的人，而感到納悶。

中國也有句話：「勞力苦、勞心苦，苦中樂，拿壺酒來。」喝酒也是生活中的調劑，但是爲了酗酒而鬧事，就造成社會的不安寧。

近日來，發生全國性反政府的街頭示威，同樣地也造成社會的不安，相信，間接地也影響到經濟的發展。

韓國人民應透過商討和妥協，來解決他們的政治歧見。

一般說來韓國百貨公司的服務與包裝，是令人滿意的，尤其是包裝紙的精美，常令人愛不釋手。

「包裝」，是工商社會中一門大學問。這方面值得我國學習。

「地下鐵」的工程進行神速，解決了行的問題，至於公車方面，於上下班或放學的時間，常有超載的現象。

有時，車上播放音樂或歌曲，可以放鬆乘客疲乏的身子，這是可取的地方。至於娛樂方面，不外乎讀書、寫字、弈棋、繪畫、聽音樂、唱歌、看電影、插花、釣魚、攝影、打球戶外活動……等。

在繁忙的工商社會中，顯示出生活在都市的人們，越來越迫切地需要大自然的調劑了。

常看到一家大小揹着野外炊具及食物，走向大自然。在緊張繁瑣的生活中，為心靈騰出一些空間。

所謂一家烤肉幾家香，在韓國眞正體會到了。人們在原野或林間吃烤肉、米飯、泡菜、喝酒、唱歌，欣賞大自然的一草一木，使疲乏身子，予以鬆弛，讓思緒可以自由地、海闊天空地遨遊，然而人們在盡興歡樂之同時，也製造了許多的垃圾；紙杯、紙屑、果皮、煙蒂、處處可見。環境的污染、自然生態的破壞，常常是物質生活所帶來的公害。

現代的生活常受外來文化影響，較傳統生活更爲複雜。複雜的生活，必須與道德相結合。物質愈文明，公共道德愈是不可忽略。

韓國政府爲了配合一九八八年奧運來自四面八方的旅客，特別向學校呼籲，希望儘量把今年的戶外活動如畢業旅行等，最好提前舉行以免造成擁擠。同時爲了配合外國人體形，目前在造大型的計程車，這種「嚴以律己，寬以待人」的精神，正是韓國人的美德。

同時，韓國人對外來客，是相當禮遇的。常在公共場所的化粧室內，看到一間門上掛了一塊「外國人用」的牌子，是有馬桶座的。但是這情形，在城市中出現，至於鄉下的風景區，化粧室的設備，過於簡陋臭氣薰天，給旅客留下不良印象，我國也有這種情形；大概東方人，都比較注重外表吧?!

目前韓國的經濟正快速發展，爲了不使年輕一代趨於物質之文明而忘掉傳統的文化，政府對於傳統文化的介紹與發揚，是不遺餘力。

現代化的生活，必須以傳統的倫理道德做基礎。倫理與道德是人際關係的行爲準則，如果人人都能遵循這個準則，則國民的道德，社會秩序就可建立。進而達到一個和諧的大同社會。

這方面，肩負社會教育的大眾傳播工具，如電視、報紙，可以發生潛移默化的作用。尤其是電視，深入每個家庭，影響力相當大。多利用電視功能，做些社教性的節目，是有益於生活品質的提昇。

至於報章雜誌，亦應闢有文化教育性的園地。我國的報紙，有固定的篇幅介紹文藝性的文章。一些作家寫出一些優美而有益的導向人心向上的作品，而帶來社會的和諧。

人類生活有物質的、也有精神的，二者不可或缺。豐富的知識，是提高生活品質的重要因素，蘇格拉底說：「知識即道德」。西方有句名言：「知識即權力。」尤其在這知識爆炸的時代，一個人如果沒有相當的知識，很難立足於社會。

目前，韓國的大學教育相當普及，無形中，提高了人民的素質。是可喜現象。一個人如果沒有讀大學，無論工作、結婚都很困難。據統計，韓國全國公私立大專院校達三百多所，發展之快，令人驚訝。他們極力在培養各種科學技術人才以及人文藝術人才，這點顯示出韓國的未來遠景是美好的。

特別在人文方面：現代社會在科技發展下，更需要人文的素養，人文和科技是同等重要的。所謂的藝術活動、宗教活動、休閒活動以致讀書風氣的培養，都是在使人類的心靈得到充實，譬如：欣賞一首歌、一幅畫、一齣戲、一本文學作品，都使得內心得到滿足、充實。這些絕不是科技所能提供。

在這方面，我國近年來，爲了提昇國民的生活品質，不斷推行「以書櫃代替酒櫃」運動使建立一個書香社會。

「讀書的人，不會變壞」。中國有句話：「一日不讀書，口中無味。」韓國也有句話：「一日不讀書，口生荊棘」，天下道理是相通的。養成讀書風氣，可使犯罪率減少；進而提高國民生活品質。如果人們多看文學作品和富有哲理的經典著作，我們對人生的意義會有進一步的啓發。

今天我們所面臨的時代，如英國大文學家所說：「這是最好的時代，這是最壞的時代；這是智慧的時代，這是愚蠢的時代；這是光明的時代，這是希望的春天，這是失望的冬天。我們面前有着一切，我們面前一無所有，我們正走向天堂，我們正走向地獄。」

這就必須趕緊建立現代生活應有的共識，讓我們在繼續追求經濟成長的同時，也注意到提昇國民的精神生活，建設一個使生活、知識、道德相結合的理想社會。

（民國七七年元月二十二日於韓國東亞大學）

老梅樹下的沉思

時序轉移，冬去春來，等我再度來到釜山時，已是「東風破早梅，向暖一枝開」的季節。雖然氣溫仍在零度，但是冰雪已融，春天的脚步已慢慢接近。

校園中，一排梅花，正在料峭春寒中，開得燦爛奪目，令人精神爲之一振，正好爲新的學期作好的開始。

開始和梅花結緣，是這兩年客居韓國的兩個春天；我眞正認識了它；關注了它。也眞正體會出它的偉大。梅花是第一個把春天帶到人間，使一年之計的春天，充滿溫馨、充滿生機。它，不僅有生命、有靈性，還有堅忍不拔的意志力。

梅花，似乎在人們不經意中，突然開滿一樹，恬淡而高雅。

熱愛自然，也許是人的天性，連接幾天的晨昏，我走到校園的小徑上；當我意志消沉時，我抬頭望着梅花：「爲什麼不能像它一樣活得堅強點，勇敢點？」

「向生命挑戰吧！」

我彷彿聽到它的聲音，我想到羅曼羅蘭所說：「我依舊昂起頭，重新歌唱，渺小而頑強。」

我情不自禁高歌「愈冷，它愈堅強」。

這天，沒課，我帶了短笛，來到梅樹前，倚着樹幹，眞是富有詩意。我要用笛聲，來歌頌它。於是，我反覆地吹奏着「梅花」曲子。在這異國的土地上， 亮的音符，穿過樹梢，直上青雲。內心好舒暢，好痛快，無論旅行到何處，大自然值得讚嘆的。

「老師，您在吹的是什麼曲子？好動聽呀！」

一位中文系的韓籍生走過來問。

「叫梅花，這首曲子很有名，大家都會唱，因爲梅花是我國的國花，它的堅忍，正象徵着我中華民國。」

於是我們坐在樹下的石桄上，我把梅花歌曲，一句句地教他。唱歌，是學習語言的好法子，很快，他就字正腔圓地學會了。

「我國的東洋畫中，也有許多以梅花爲題材的，詠梅的詩也不少，如『東君試手染羣芳，先點寒梅作淡粧』『流水和琴冷，梅花入笛香。』等。」

「本來嘛，中韓兩國文化同源，至少有千年以上，所以我們是世界上最親蜜的朋友啊！」

學生有課，先走了。我仍然沉思在老梅樹下，久久不捨離去。

突然想到不久前，和一些山東籍華僑一塊吃飯時，有人還提到梅花作詞作曲的劉家昌。原來劉家昌就是釜山長大的，他小學時候，就喜歡哼哼唱唱！人很聰明，後來回到國內讀大學時，才展露了他的才華，一首「梅花」傳遍了天涯海角，凡有中國人的地方，似乎人人會唱。啊！我明白了，他之所以寫出這樣一首家喻戶曉的曲子，一定是北國的梅花，給他的靈感：「梅花，梅花滿天下，有土地就有它。冰雪風雨，它都不怕，巍巍的大中華。」

我反覆地吹着、唱着，我決定把這首歌詞寫出來，影印給中文系所有的同學，靠着他們把我們的梅花精神傳播出去。

來到韓國，最大的發現是韓國人是個天生喜歡唱歌的民族，如果你要和韓國人打交道，非得會唱幾首歌不可，因爲他們在酒酣耳熱之後，必得高歌幾曲，否則，意猶未盡。來而不往，非禮也，你得唱中國歌回報。

韓國人，喜歡唱歌，可以從電視中的「歌謠舞台」節目中，得到印證，好像他們永遠有唱不完的歌，使我們想到中國幅員廣大，各省有各省的民謠，爲什麼不把它唱出來呢？我們的電視節目的特色是什麼呢？韓國人來到中國，打開電視，聽到的、看到的不是連續劇、綜藝節目就是美國來的節目，大有美國文化大舉入侵之勢。韓國電視比我們起步得晚，至少差了十年，但是他們充分利用了電視的社教功能。他們三台之一的——KBS台，每週一，一定全部播放本國有關的節目。美國節目，不是沒有，是放在週六或週日，多半播放金像獎名片。最近又新開闢了一個名爲「海外市場」的專集，派了一個龐大的製作羣，到歐、美各國，實地拍攝、採訪各國有關汽車、電子、皮革、成衣工廠經營的情況以供國內廠商之參考。所謂商場如戰場，知己知彼。在一九七〇年之前，韓國多方面向我們學習，但是一九八〇年後，人家一日千里，尤其在經濟方面，已和我國不相上下；目前他們向歐美學習拚命地引進歐美的科技。爲了發展體育，他們不惜人力物力成立體育部。提到文化，他們所投下的鉅資，更是令人咋舌：計劃於一九九二年，可以竣工的「藝術殿堂」

，之大，之氣派，和法國龐畢度文化中心不相上下。它不僅是劇院、音樂廳，而且還包括藝術中心和藝術圖書館，目前已完成了兩棟建築物。藝術殿堂正展出「韓國一八四八—一九四八年的書藝百年展」。

韓國大統領盧泰愚一再表示要與中國大陸改善關係，電視上已出現大陸拍製的「西遊記」連續劇的片段鏡頭，孫悟空、唐僧，以及妖魔鬼怪，迷惑了廣大的，好奇的觀眾，難道這就是他們文化交流的開始嗎？我感到迷惘。過去，不曾關心國與國之間的事，或許是年齡的增長，或身居國外的關係，發現國與國之間的維繫，完全是互利、互惠的，這是不爭之事實。不管人家政策如何，我們自己努力，是最重要的。儘管寒冷與風雨包圍著我們，但是我們必須像梅花一樣堅忍不拔，我們中華民國台灣是唯一復興中華文化的地方，將來中國的統一，必須靠祖先遺留給我們廣大的中華文化。

小徑泥土中，夾雜些飄落的碎花，「落紅不是無情物」它將在春泥中融化、滋潤、營養它的下一代，但願明年花開得更好、更美，一如我們國家充滿的美景！

（民國七七年五月九月青副）

奧運倒數計時90天

釜山六月傍晚的陽光，仍是那麼明亮，蔚藍的天空裏，一絲白雲也沒有。這天，六月十九日，星期天，閒來無事，和韓籍生朴君，漫步在火車站前的廣場。到處都是南來北往的人潮。

我們選擇樹蔭下的噴水池邊坐下，慢慢吸着罐裝人　汁，仔細觀看一下廣場上的情景。此地，最多的是賣乾魷魚攤販，價廉物美，是韓國人下酒的佳肴。

朴君指着廣場上，高高聳立的，有阿拉伯數字的電子顯示牌說：

「今天是六月十九日，是距離奧運開幕的倒數第九〇天。」

我順着他的手勢，清晰地看到遠處倒數計時板的「90」數字。

「啊！日子過得眞快，我應聘到韓國教書也快兩年。」我突然驚嘆日子消逝之快。而我旅居國外期間，也不知多少倒數日子，在不知不覺中減少。

「你們韓國人，都過倒數日子嗎？」我開玩笑說。

「那是要提醒人們，舉世矚目的奧運一天天接近，提醒國人是否已準備好一切！」朴君一本正經說。

●

算算日子，距奧運還有九十天哩，但是性急的韓國人，早已籌備就緒，就等着遠方的客人了！

到處瀰漫了奧運的氣氛，好像奧運就在明天。

看吧！空中飄揚了象徵八八奧運的老虎大汽球，火車站前面已搭建「歡迎參加二十四回奧運」的英文牌坊，噴水池也不知何時跳躍出五顏六色的水花。

其實，這不過是個縮影，在其他各大都市的火車站、機場、大飯店、旅館，早已懸掛或搭建設計精美的歡迎牌坊了。各種食品、飲料、菸酒的包裝紙上也打有八八奧運的廣告。印有八八以及Eight，Eight的香煙，更是早在市面上流行。其品質不比洋煙差。奧運節目預告小册、奧運海報均已陳列在各處設置的觀光案內，供人免費索取。電視上、報紙上，聽到的，看到的，都是八八！好像是八八的韓國、韓國的八八，一切爲八八而活。

我起身把空罐子扔進垃圾箱內後，略有所思向朴君說：

「記得我剛來韓國的時候，參加了漢城舉行的亞運，閉幕式上「八八奧運再見」的電子顯示板，一閃一閃地出現在眼前，此情此景，好像發生在昨天。」

「其實，那正是拉開了八八奧運的序幕。」朴君用流利的中文說。

●

提到韓國地下鐵，工程進度之快，好像變魔術一樣。

就以釜山的地下鐵來說，從我抵達釜山就看到他們大興土木，從原已造好的，繼續一段接一段地做，日夜加工，鍥而不捨，目前已接到地面交通最擁擠的鬧市，大大解決了交通問題。固然，他們的天然條件不錯——土質乾硬，無地形下陷之憂。但是，那種苦幹實幹的精神，係不爭之事實。

「爲了大衆的利益，可以犧牲自己的利益，路面上的房舍該拆的就拆，老百姓毫無怨言。」當我稱讚他們的地下鐵時，朴君如此回答。

「我看過由漢城到蠶室綜合運動場的地下鐵，做得非常好，地下鐵車站內好氣派，空間又大，似乎可以開汽車，是否有點浪費？」我問。

「該花的花，該省的省，因爲這次奧運，是第一個由開發中國家主辦，不僅對韓國人民重要，並且對所有開發中的國家人民也重要。」

「該省的省，又怎麼說了？」

「譬如電梯隔層使用，隨手關燈。譬如夏令利用日光能！」

「是呀！你們吃的也省，一碟泡菜，吃一大碗米飯，」我幽他一默。

撇開衣、食不談，人家在各項工程建設上，的確有一日千里，突飛猛晉之勢。國人常有種錯誤觀念，以爲韓國算老幾？殊不知人家正在急起直追，期成爲日本第二哩！

●

沉思了好一會，我提議到附近的阿里郎大飯店喝咖啡。

我邊攪咖啡，邊思索一個問題—

體育活動往往影響一國的民心士氣。目睹韓國大力拓展「體力」即國力的時候，我們却仍在討論是否成立體育部？難怪人家批評我們中國人，凡事「考慮」太多，不像他們說做就做。韓國的客觀條件不比我們好，但是他們的選手，却在上屆洛杉磯舉辦的奧運中，大放異彩。眼看漢城奧運，將在三個月後揭幕，世界體壇健兒，早已摩拳擦掌，全力以赴，準備在競技場上，大顯身手。而我國的選手代表們，是否能達到如奧運目標：「更快！更高！更有力量！」

前年在漢城舉行的亞運，正是韓人驕傲的時刻，也正是他們利用體育、實力的途徑，來提高其在國際的地位。

人家爲了朝此方向努力，早在數年前成立了專責機構，並向工商鉅子籌募基金，以鼓勵體育人才；結果心血沒白費，以上次亞運來說，預測只拿到二十八面金牌，沒料到，却榮獲了九十三面。每拿一次金牌，就奏一次國歌、升次國旗。全場歡呼之聲以及揮舞國旗的畫面，透過衛星轉播，出現在世界各角落的螢光幕上。

體育對於國人健康、社會和諧、國家形象等，關係至爲密切。甚至在突破外交困境上，也是有效途徑之一。如果我們再不重視體育，迎頭趕上，只好坐在電視前看別人拿金牌。如果再不發展全民體育，則青少年永遠窩在陰暗的ＭＴＶ。體育和文化一樣重要。爲了下一代走上康莊大道，成立一專責機構來推動，策劃體力卽國力，是刻不容緩的事。

「凡是在世界性比賽奪金牌的，每月可領到政府津貼八十萬韓幣，並免服兵役，以爲獎勵體育人才。」朴君突然冒出這句話。

「眞好呀，合台幣有三萬；重賞之下必有勇夫！你們對運動有功的選手，實在太禮遇了。」

據我所見所聞，人家觀光社爲了接待參加奧運的外國遊客，已不惜耗資，培植專業人才。對於外國客，無論住宿、交通均有優待，車站有外國人售票口；公廁也有「外國人用」字樣，而且九月份提早開學，以疏散遊樂區的遊客。總之，一切「以客爲尊」，到時一定有許多順道來「寶島」一遊的觀光客，不知有關當局做好萬全之計否？

在五月中旬，爲了舉行一項漢城奧運預備的晚會，他們邀請了國際名歌星、名藝人與會表演，最近更是有一連串各類運動的邀請賽、表演賽，以掀起一股體育的熱潮。總之，韓國在文化、休閒性活動上，所投下的資本，是相當可觀的！而且，爲了提高其國際地位，正積極拉攏各國，曲意承歡，以盡九牛二虎之力，期望爭取最多的國家參加。不知何時開始，每晚電視中都有一段介紹各國風土人情的影片。當然是沒有廣告。

●

從阿里郎咖啡屋出來，已經是傍晚八點了；天還大亮，六月的白天很長，天邊紅輪似的太陽，正好遙映着廣場上倒數計日的「90」上，好像金綉一般。遠處，一隊棒球選手，大約十六、七歲的模樣正從車站出來。出口處，儀隊正奏出類似凱旋樂曲；從這些充滿朝氣以及碩壯的選手身上，已看到韓國的未來。

在某飯店，曾看到：「人無遠慮，必難成大業」的橫幅，雖然改動了原句，但不無策勵作用。

大韓民國的處境，並不比我國好；他們外有強敵壓境，內有外債高築，但是他們全國上下埋頭苦幹，積極籌備奧運的精神，實在令人敬佩，我們沒有什麼可幫助的，只有撰文介紹，以維繫中韓兩國微妙關係。（民國七七年七月十七日中副）

88的韓國　韓國的88

韓國的經濟，近年來發展快速，爲了迎接舉世矚目的八八奧運大會，在全國上下通力合作下，在漢城東南角蠶室地區，興建了一座因應各項國際運動競賽的需要的「綜合運動場」及「奧林匹克公園」。

可容納十多萬人的綜合運動場，包括田徑場、游泳場、籃球場、排球場、足球場，其他如自行車、體操、西洋劍等競技場則在奧林匹克公園內舉行。此外，其他附帶設施如奧運國際新聞中心、奧運家庭村，以及可容納一萬三千人的選手村、九千人的記者村，均已先後完成，只等待奧運的來臨。

爲了達成此一龐大的設施，韓國政府不遺餘力，成立體育部。同時在民間，由企業家組成「漢城奧運會組織委員會」，全力以赴，將公司盈餘投入體育設施。

韓國政治方面雖然不安定，但是國家貞有困難時，就團結在國家目標之下。

韓政府對運動有功的選手，特別禮遇；凡在世界性比賽奪得金牌者，每月可發津貼八十萬韓幣（約三萬台幣）並免服兵役，以爲獎勵體育人才。

爲了配合八八奧運，地面上的交通以及地下鐵，均已大大整頓及改善；爲了奧運期間的行車通暢，政府已規定換照汽車牌照的最後數字的單數、雙數，配合單、雙數日期行駛。

城市中，觸目皆是高聳入雲的現代化大樓。位於江心的汝矣島上的新式公寓，早已星羅棋佈般排列。

爲了配合奧運所帶來大量遊客，合乎國際標準的觀光飯店、遊樂場，均已興建完工。韓國人多麼希望藉此機會，向全世界展現他們的最佳形象。

韓國觀光社已大量、積極地培植了觀光專業人才，甚至挪用公帑，派員到國外學習專門知識。同時，印發中、英、德、日、法等各國語文的有關韓國或奧運的簡介。一首名爲「手牽手」（Hand in hand）的奧運主題曲，正傳遍世界各角落。這首意味着「世界大同」的奧運指定曲，由義大利名作曲家喬吉歐、莫洛德所作，由四位韓國人（二男二女）所組的合唱團所演唱，這正是韓國人把他們的形象，推上國際大舞台的最佳時刻。充份運用「自己的本質，外來的包裝」。達到了宣傳的最大效果。榮獲今年環球小姐第二名的韓國小姐，正在加緊練習手持聖火的跑步。美女出馬，以準備迎接即將來臨的漢城奧運聖火。

一項名爲「美食八八」的食品節活動，已訂於九月十日至十月五日舉行，預計有卅個國家參加。這個國際性的食品活動，屆時必吸引大量來漢城參加奧運的食客。各種食品、飲料、煙酒的包裝紙上都打有八八奧運的廣告。印有八八英文字母的香煙，早已在市面銷售。奧運節目以及比賽項目的精美小册，陳列在各處設置的觀光案內，供人免費索取。電視上、報紙上，聽到的、看到的，都是八八，好像是八八的韓國，韓國的八八，一切爲八八而活。

象徵八八奧運的老虎標誌，隨處可見。公共場所均設置了「歡迎來參加第二十四屆奧運」的標誌以及牌坊。

爲了奧運的順利舉行，不久前，漢城市民曾在一次佛教儀式中，撞鐘三響，並在南山塔施放焰火以祈求奧運的和平舉行。

儘管激進派學生示威不斷，但是韓國政府一再呼籲南北學生會談，延在奧會之後。據報導，在漢城奧運期間，韓國將會動員六十五萬名武裝部隊，置於最高警戒狀態，以防範北韓任何可能針對奧運會的威脅行動。同時動員十二萬名警察、突擊隊、安全人員，做好一切的安全措施，美國海軍航空母艦率領的戰鬥羣，將在韓國海岸外部署。

至於韓國內部問題，以一九八六年八、九月的亞運爲例，雖然在賽前兩個月，示威頻繁。但是亞運開幕前夕、一切都冷靜下來。在民族自尊第一的大前題下，大家所想的是：如何榮奪金牌。

預期卽將舉行的漢城奧運，將會產生同樣的效果。反對黨已承諾，在奧運結束前，將不製造任何混亂。

距一九六四年，東京奧運迄今，已有二十四年未在亞洲舉行。此次，漢城如此魄力主辦第二十四屆奧運，不僅是國際體壇盛事，更是韓國人民昂首挺胸，向世人誇耀的大好機會；同時也是亞洲人士同感興奮的時候。

（民國七七年九月十六日大華晚報）

漢城的交通

交通，就如同人的血管；血管通暢，一定健康活潑，充滿朝氣。反之，則癱瘓無力，死氣沉沉。

擁有一千萬人口的漢城市，是韓國政治、經濟、外交、教育及文化的中心；它是傳統與現代的結合。有高聳入雲的摩天大樓，也有列爲國寶第一號的南大門及夾道的綠樹……但是，他們的交通井然有序，放眼望去清清爽爽、整整齊齊。

街道上，只有公車、計程車、私家車，看不到蛇行穿梭的機車。大概騎士都鑽到地下，坐地下鐵了吧，有了地下鐵，誰願意視生命如兒戲呢？

漢城的公車有兩種顏色。紫色代表普通車，綠色代表快車，前者車資韓幣一百三十元，合台幣五元。後者韓幣三百五十元。公車前門的外表，用彩漆漆了行駛路線的重要地名。乘客一律由前門上車，後門下車。下車的門，是平行滑軌式自動門。乘客可雙排下車，省掉停車時間，自動門上張貼「請勿靠近」字樣。上車一律投硬幣，司機不必側過頭剪票，可集中注意力駕駛。司機着制服，戴白手套，車內裝置收音機及音響，隨時向乘客播報新聞、或重要站名。

計程車，是最便捷的交通工具，有指定的招待站，只要路線相同，可以一路載上四位不同的乘客。司機如果連續五年不肇事，可以當選模範司機，十年不出事，則可擁有政府贈送的新車。司機所穿的制服，和一般的不一樣，戴起白手套，看起來像警察一樣神氣。

計程車內大都加上半截白色椅背套或椅墊，看起來清爽乾淨。另外一種出差性的出租車，不是按錶計算，而是由司機喊價，有的外國人容易上當。

爲了配合外國人高大的身材，奧運前後將有大號計程車出籠，眞是一切「以客爲尊」！

而且發行了一種以各國語言發音，而以數字代替地名的小冊子，方便外國客與司機的溝通。完全不用開口，只要指小冊上的目的地的代號卽可。爲了疏散交通，私家車儘管採單、雙日輪流行駛，以牌照的最後數字的單、雙數來配合。

明洞，是漢城的心臟，也是購物中心地，車子不可入內，人們徒步逛街，攤販夾道，黑壓壓的都是人頭，却不影響交通。

特別值得一提的是，漢城的地下鐵做得又快又好。地下鐵車站內的空間、空調、燈光、路名標示，均合乎現代化的標準，廣告牌的大小亦為統一規格。還有地下街兩排的商店，所謂的「地下街」，也是五花八門，應有盡有。街道相當寬敞，似乎可以開門。有些站有手扶電梯直接到月台，問他們何以如此浪費，他們却說：「我們的公共設施，都是很氣派的！」漢城人的愛好面子，由此可知。

地下鐵工程之快，令人咋舌，固然他們的天然條件不錯，土質乾硬，無地層下陷之虞；但是他們那種苦幹實幹精神，令人欽佩。他們有幾家實力相當雄厚的工程公司。本來只有二線的地下鐵，在一九八六年亞運之前又趕工完成兩線。如今共有四線，分別以紅、綠、黃、藍分別之，班次密集。最長的可通到水原市。通往奧運會場的是2號綠色線，車廂特別新穎，車站內的感覺很壯觀，牆壁有圖案雕飾。

凡是先進國家，都有地下鐵的設施，大大改善了地面日趨擁擠的交通。多年前旅居法國巴黎時，就目睹了地下鐵的運輸量，相當驚人。難怪他們說：「巴黎的人口，一半在地面，一半在地下。」法國地下鐵的安全措施做的非常好；為了預防各車廂超載，因此當月台上的人數到了一定的飽和時，通往月台的關卡會有一扇又厚又重的鐵欄，自動拉下來，把超額的乘客隔在鐵欄外，等車駛出月台時，鐵欄自動向上拉。我們的地下鐵正加緊施工中，但不知是否有類似措施？

交通是永久性、全面性，更是必須從長計議的「百年大計」，舍弟向元目前是紐約市政府交通規劃師，搞交通近二十年之久。猶記十年前，應邀回國替我們的交通問題把脈時，就曾大聲疾呼：「台北的大眾捷運系統非地下鐵不可，今日不做，以後就晚了！」他說興建完整的捷運系統，施工期就有可能拖到二、三十年，爲後代子孫著想，愈早動工愈好。

本人非交通專家，也非工程師，但是逢到下大雨，看到街上橫七豎八的車輛時，眞恨不得地下鐵像變魔術一樣快快完成。我也幻想，一旦機車騎士都走入地下乘車的話，台北街頭的某些林蔭大道，一定也像巴黎的香榭大道一樣，令人感到舒服乾淨，擺設咖啡座而無車馬喧鬧的浪漫情調，必定也能改善人們生活的品質吧！對於觀光事業的發展更有助益。加油吧！地下鐵！

現在，回過頭再提一提漢城的交通。爲了八八奧運，不知從何時起又增加了數條由漢城通往各城市的高速公路。聽說他們在兩城市兩點之間劃一條線，就開始了高速公路的工程，而且工程進度神速。當然急中有錯，有時難免有施工欠周密之處。但是他們勇於認錯，錯了立卽重建，和我國所謂「多做多錯，少做少錯」的觀念，截然不同，如果兩國民族性能調和一下就好了。

（民國七七年九月二十七日大華晚報）

一心一德

所謂「不學詩，無以言」，教外國人學中國語文，唱詩唱歌不失爲一好法子。不但可以加強其學習中文的興趣，且能吸取精髓，印象深刻。最近講到「詩經」時，反覆吟詠，覺得詩教的確是功不可沒。只是押韻的地方，由於時代久遠，古今音之不同，實難令外國人接受。講到四言詩的韻脚時，突然靈感一來，想到我們中華民國的國歌歌詞，不正是四言一句，四句一章，類似詩經的文學形式嗎？

整個歌詞，計有十二句，四十八字，押東韻，平鋪直敍，間有排偶，音韵和諧，莊嚴和平，突出了歌曲的感染力。

當我邊唱，邊把歌詞一句句、一行行用粉筆寫滿一黑板時，白字黑底，非常醒目，這是我從事教育工作以來，最有意義的一刻。少介紹一兩首詩沒關係，中華民國的國歌，不能不傳播給韓國年輕的一代。雖然我的對象有限，但是他們可以傳播別的有中文系的大學。因爲年輕一輩的韓國人，對中華民國的認識實在太少了。

唱歌，眞是發抒感情的利器，我彷彿忘了置身在異國的講堂上，也忘了這是上古音學課，却一遍一遍指着黑板上的歌詞，唱着唱着。當我唱到「一心一德，貫徹始終」時，熱血沸騰，音色特別高昂，我以生爲中國人爲榮。

同時，我覺得 國父眞是偉大，他不但是一位革命家、政治家，而且還是一位文學家、音樂家。雖然作曲的不是他，但是因爲詞好，自然悅耳動聽。

『中華民國國歌眞好聽啊！』

當我聽到臺下學生也跟着唱，而且交相稱讚時，有一股暖流通過心田。

我告訴他們，這首歌詞，原是我們的國父孫中山先生的訓詞。大家都知道孫中山先生是習醫的，其實他在國學上下過很深的功夫。這從他的「上李鴻章書」中，就可以證明他的文學造詣。再以這首「中華民國國歌」的歌詞來說，不愧是充滿正氣的文學傑作。其中「一心一德」一句，源出於「尙書」：「予有三千人惟一心」句，用現在話來說，就是同心協力，爲共同目標而努力的意思。國父創造的三民主義，是適合中國人需要的。只要大家有信心，團結一致，必能使中國進入富強康樂之境，並且能和世界和平共榮的。

「我們韓國也有句成語叫『初志一貫』，大概和『一心一德，貫徹始終』的意思相同吧？」

『是啊！你們韓國也是和我國一樣，靠着全民的努力奮鬥，一日千里，在發展強勁的經濟奇蹟。同時，我也在一些公司行號看到牆上掛有「思無邪」的警語，你們的解釋是甚麼呢？』

『目的是要人不存雜念或邪念。勸人做個光明磊落、堂堂正正的人。』

『那不正是與一心一德有關嗎？一德的意思，就是叫人心無雜念。』

我沈思半天，眞沒有想到這句源出於孔夫子的話，却成了韓國人生活中的座右銘。

儒家思想，在韓國佔有重要分量的，這在電梯內張貼的孟子語錄，得到證實。後來，又在某餐廳看到「人無遠慮，難成大業」的時候，感到納悶，繼而一想，雖然改動了我們的成語，但是能廣泛地流行在現代生活之中，也不無策勵的作用。人家是傳統文化揉合在生活之中的。中韓兩國文化淵源之深，由此可知。

（民國七七年十月三日國語日報）

儒家思想在韓國

不可諱言地，韓國的文化脈絡淵源於中國，然而韓國人對於傳統文化之保存與重視，遠勝於我國。

就以說話的方式來看，他們仍然注意到長幼有序的禮節，對於長輩說話、有特別的敬語。和師長同桌吃飯，不可多言。敬酒時，舉起杯，要側過頭去喝。在師長前面不可以抽煙。走路時，不可以走在師長之前。學生畢業，在舉行謝師宴時，得先向老師行叩拜禮。老師們被請到上座，然後在地上鋪了墊子、學生三人一排，一一挪向前，向老師行叩拜之禮。這情形，我眞正被感動了，那就是我所執教的東亞大學第二屆中文系畢業的「謝恩」會上，所謂「謝恩」會就是我們國內的「謝師」宴。在國內，我也曾應邀參加過「謝師」會，沒這麼感人；說來好笑，因爲這是第一次接受學生叩拜大禮，弄得我不知所措，忙跑上前去，把他們扶了起來，連說：「鞠躬好了！鞠躬好了！」女學生穿了韓國傳統的寬袖高腰長裙，顯得婀娜多姿。

在韓國，老一輩的人，大都讀四書五經的。儒家思想在韓國社會中，是根深柢固的。人們握手時，仍要微微彎腰，並把左手扶著右手肘，以示敬意。在鄉下，仍可看到深鞠躬的彎腰禮。逢到祭祖，舉行婚禮時，仍需行跪拜之禮。有一次，我到光州參加韓國朋友的婚禮。證婚人是新郎的老師。老師家住漢城，是外國語大學的教授。在新郎同學的陪同下，從漢城坐火車來到光州，下榻在預訂的傳統韓式的旅館。

我親眼看到新郎把要替他證婚的老師，接到客房後，隨即伏地行了叩拜之禮。然後向老師請安，離去。

次日在婚禮上，又讓我看到感人的一幕：典禮是按照西洋式的，却不是全盤的西化。證婚人、主婚人請到台上後，新娘穿了白色洋禮服，頭披白紗，挽着父親，徐徐進入禮堂，走向台前。新郎已在台前佇立。當新娘快接近新郎時，新郎自動迎向新娘，上前一步，恭敬地從岳父大人手上把新娘牽了過去，並肩而立，面向台上的證婚人、主婚人等，接受他們的祝福。這樣的過程，很有感性。並非和西式婚禮一樣；父親把自己女兒送到新郎旁邊，而後離去，新郎却呆立一旁，連看也不看。

好像三個人，互不相干。

而我所看到的這一幕——當新郎誠懇地、喜悅地、彎腰點頭，把新娘從岳父大人手上接過去的片刻，六雙眼光相互交會的刹那，一切盡在不言中。

這使我想到八八奧運開幕的情形；一位七十六歲的老運動健將把聖火傳給年僅十八歲的年輕運動健兒的感人鏡頭，充分發揮了「薪火相傳」的精神。長者，在韓國的社會中，地位崇高且有權威。君不見在奧運閉幕晚會中，唱「祈願」的傳統民歌，不就是一位上了年紀的老藝人麼?她算是韓國國寶級的人物，歌聲嘹亮、悲涼，充滿了離別後期盼再會的感情。無論是奧運的開幕，所有的節目所展示的不外是傳承與創新，每一個節目，都經過精心設計與安排；有現代的活力也有民族的特有風格。

前面提到儒家思想，在韓國是根深柢固的，這可以從他們電梯上張貼的語錄，以及公司行號掛在牆上的書法得到印證。

譬如你可以在電梯內看到一些論語、孟子中的一些句子：「思無邪」「凡事豫則立。」「人無遠慮，必有近憂。」「四海之內皆兄弟。」「老吾老以及人之老。」

」「身體髮膚，受之父母，不敢毀傷，孝之始也。」「己所不欲，勿施於人。」同時也在一些公司行號看到一些用漢字書寫的金句如「大德必得其壽。」「梅經寒冷清香。」「長幼有序」、「食不語」、「忠孝是吾家至寶，詩書是士家良田」、「滿而不溢所以長守富也。高而不危，所以長守貴也。」

由此可知儒家思想是揉合在他們生活之中的。

我甚至在一家純烤肉的韓國傳統餐廳內抄錄牆上所掛的書法：「人生達命自瀟落，憂纏避毀徒啾啾」句，耐人尋味。

在一家書店也抄錄了一句：「一日不讀書，口生荊棘」和我們的「一日不讀書，口中無味」有異曲同工之妙。

書藝，在韓國大行其道，一九八八年元月二日，電視上曾播出過「韓國全國揮毫大會比賽」的新聞，無論男女老幼都在研墨揮毫。那個時候，我也有幸獲得兩幅墨寶，分別是「心清事達」及「人無遠慮，必難成大業」句，後來我發現在許多場所，都看到這樣的句子，難怪韓國人做事充滿信心與魄力。

（民國七七年十月十八日青副）

韓國釆風

走到百貨公司或市場，很少看到男人手提購物袋的，大多數是太太們拎了大袋小袋的東西，靜靜地跟在丈夫後面走。尤其在菜場，似乎清一色是女人的天下，是男人的禁地。特別是釜山的魚市場內，魚販全是婦女們，婦女的叫賣聲，充耳可聞。

韓國中年以上的婦女，仍然喜歡把東西頂在頭上，這種傳統習俗，很難改革。她們天生有着「頂上」功夫；任何東西，只要頂在她們頭上，都不會掉下來，而且頂得四平八穩。最常見的是大顆大顆的白菜，裝在大盆內，頂在頭上。使人聯想到韓國人一天也少不了「泡菜」。提到「泡菜」，可以說是韓國人不可或缺的食物。一碟泡菜、一大碗飯。「沒有『泡菜』，就不能活了」，這是他們常說的話。

韓國女子出嫁之前，必須在娘家先學會醃製「泡菜」的過程不可。四季都有不同種類的泡菜作法，過去，大多用白菜、蘿蔔。現在經濟繁榮，品味也提高，除了辣椒外，在白菜內，還裹以鮮魚末或板栗之類的。

在「泡菜」之中，有種叫「總角」的泡菜，特別耐人尋味。「總角」的想思原先是指未成年的小孩。而韓國人把「總角」放在用小蘿蔔所醃製的泡菜裡，是否表示這種蘿蔔又小又嫩呢？還是表示這種蘿蔔大小類似未或年小孩頭上束髮爲結，形狀如角的冲天辮，故以名之？韓國的「總角」和漢語的發音接近，每次，吃到這種泡菜，就感到一種親切感。

目前韓國雖然通行拼音文字，但是漢字，仍然時有所見，特別是在公司行號的內壁上，所掛的書法金句，常吸引著我，有一次，經過某旅行社時，隔着玻璃窗，清晰看到壁上懸掛着有「有備無患」以及「敬天愛人」的橫幅，耐人尋思。我們中國所謂的「互信互助」在韓國的社會中，隨處可見。在公車上，常看到有座位的人，一定主動將站立的人代拿手上携帶的東西。起先我還不習慣，入境隨俗，後來也會主動把別人東西取來擱在腿上。

韓國人對於中秋節，相當重視，人們忙着祭祖，返鄉掃墓，這也正是我國「不忘本」「不忘恩」的道德觀念。

中韓兩國文化同源由此可證。大同小異的是，他們認爲中秋節掃墓，家中圍坐墓地，行叩拜禮，吃東西、喝酒、聊天、唱歌，有特別的意義。他們也吃一種用松針蒸的松餅，用糯米做的，裡面有的加了紅豆餡，有的加了艾草。晚上，也是和家人團聚賞月。

韓國人最喜歡唱歌，天生具有好的嗓子。後來，我發現，凡是愛好吃辣椒的民族如菲律賓、韓國，都是擅長唱歌的。辣椒不但沒有破壞他的嗓子，反而把他們的嗓子刺激得更好。同時，我在電視上看到一則報導，由於「泡菜」含有維他命C，所以促使韓國人身體特別健康，尤其有助於牙齒的健康。

前面提到韓國人酒後高歌，在我旅韓期間，深深體會到其中情調。

有回，和朋友去位於東萊城喝有名的「多多酒」，和吃「烤羊肉」，在享受了美酒羔羊之後，人們與之所至，載歌載舞起來。由於釜山三面臨海之故，此地人們比漢城或其他地區的人活潑開朗好客。喝酒、唱歌，樣樣行。特別是女人，比男人更喜歡唱歌。據說「阿里郎」這首歌的原作者就是女性，由於女人受到傳統的束縛，只好藉著唱歌發抒。她們的音色都很美，有著蒙古人的情調，習慣上，她們唱一首，你得回一首才行，入境隨俗，我不但自己唱，而且要她們跟我一塊唱，一曲

「高山青」、「梅花」，一時響遍原野。後來，我也學會幾首韓國民謠，有應酬的時候，可派到用場。

前面提到喝酒，使人想到「酒店」，在韓國「酒店」之多，大街上似乎十來二十步就有一家。是韓國男人下班以後消磨時間的地方。韓國人生性豪爽，以喝酒來說，不喝則已，要喝就要喝個痛快，一飲而盡，不醉不歸。

我認識一位教授，他常在晚上和朋友去酒店喝酒，到了酒店一定打電話把酒店的名字、地點告訴太太。萬一喝醉，或酒錢不夠時，太太可以來酒店把他接回去並付酒錢。韓國人雖然是大男人主義，但是薪俸大都交給太太處理，伸手索取酒錢，是司空見慣的事。

韓國婦女大都勤儉持家，任勞任怨。我的一位男學生告訴我說，他的母親，在家做許多家事，而他要幫忙時，却遭到拒絕。

「我的母親說，不幫忙，就是幫忙，因爲怕我愈幫愈忙。」學生說。

「難怪養成你們韓國男人不下廚房的習慣。」我說。

韓國目前雖大力提倡「一個孩子恰恰好」運動，以節制日益成長的人口率。可是在重男輕女的觀念下，收效不大。尤其在鄉下，很少說生了女兒就停止生育的。

孩子多半在母親呵護下長大的。

在釜山的街上，婦女把孩子揹在背後的鏡頭，時有所見。

不止是韓國如此，就是中國、日本，在過去，都習慣把孩子　在背上。所謂「以心傳心」、「母子連心」的觀念，大概就是這樣培養出來的。不過，也養成孩子依賴的心理。我的一位男學生，在家排行老么，也是唯一的男孩，家住鄉下，到釜山城市來求學，在外租房子住。父母爲了使他生活無後顧之憂，特別要他姊姊和他一塊住，替他洗衣服煮飯，姊姊比他大四歲，爲了照顧他不惜犧牲自己的婚姻大事。

「你姊姊有男朋友嗎？」

「有是有，但是她要等我完成大學學業才結婚。」

「有這麼好的姊姊，你可要好好用功讀書啊！」我說。

接着我又說：

「我國的大學生也有離鄉背井，獨自在外求學的，但是他們都會自己照顧自己啊！」」由於韓國的男孩從小依賴慣了母親，長大了，也養成隨時要有女人伺候的習慣。由此可知，韓國婦女，在家庭中地位之重要。

但是，她們一走出家門，在社會上就很難出人頭地了。就算大學畢業也不易謀到適合的工作。嫁人是最好的出路，有人解嘲：「韓國女子讀大學，無非是找個如意郎君而已」。

無論如何，韓國婦女大都是「賢妻良母」型，儘管她們把這句成語中的賢與良顛倒使用，她們叫「賢母良妻」，但是意義相似。

女子三從四德的觀念，迄今仍成爲韓國婦女行爲之規範。

（民國七七年十一月青副）

迎接奧運

——體力卽國力——

「看！冲上天的火焰，燃燒我們的心……」

一九八八年漢城奧運，卽在這首奧運大會歌拉開序幕。朴正熙時代所推行的「體力是就國力」，經過二十多年的努力，加之韓國民族爭強好勝的精神，終於爭取到第二十四屆的奧會主辦國。

受到全球人士矚目的漢城奧運，是韓國國內空前首要大事，這正是他們揚眉吐氣，使其國際地位更上層樓的大好時機，也是提昇國家形象的最有效途徑。

七月初，當韓國激進派學生正提出與北韓統一問題而舉行示威活動時，正擔心他們卽在九月舉行的奧運受到影響，我的學生却以堅定具有信心口吻說：

「奧運不會受影響的，國家統一，是大家希望的事，但是不在這個時候。」

等我從韓國執教回來，有親友好奇地問我同樣的問題時，我笑着說：

「人家正在張燈結綵，辦喜事，等着迎接來自全世界的客人，哪有時間去鬧家務事？」

不久，果然宣布了在奧運前，反對黨以及激進派學生將不製造任何混亂的消息，而且爲了奧運成功，從九月二日到十月訂爲「政治休戰」期。

在民族自尊第一與強烈愛國意識的大前提下，大家所想的是如何獲得金牌。「玉不琢不成器」正是他們選手的格言。國人只看到別人拿金牌光輝燦爛的一面，却未看到別人背後的辛酸與苦練。

韓國泰陵選手村大門的石頭上刻了「這兒是創造奇蹟的搖籃。」在在說明他們金牌背後所下的苦功，令人感覺，只要「奪到金牌，死而無憾」！如果我們再不重視體育，迎頭趕上，只好坐在電視前看別人拿金牌。如果再不發展全民體育，則青少年永遠窩在陰暗的MTV中。體育和文化是一樣重要的。爲了下一代走上康莊大道，成立一專責機構來推動，策劃體力卽國力刻不容緩的事。

體育對於國人健康、社會和諧、國家形象等，關係至爲密切，更可以拓展外交。

韓國人所謂「選手村」，正是奧運的「選手村」，村內將準備各國不同口味食品，不同宗教的祈禱會場。由前韓國外交部長、韓國駐美大使金溶植擔任奧運選手村村長。

此次奧運，爲了協助偏遠地區的非洲國家前來參加奧運，大韓航空將派出專機，前往迎接四十三個國家的三百七十五名選手來到漢城，共襄盛舉。

所謂「體力卽是國力」，在前年（一九八六年）亞運上，早已獲到印證，預測只拿二十八面金牌，沒料到却榮獲了九十三面，每拿一次金牌，就奏一次國歌，升一次國旗。選手喜極而泣，地上打滾，以及全場歡呼，揮舞國旗的畫面，不時在電視螢幕上出現。

那段時間，無論電視、報章雜誌，全是體育新聞以及運動健兒們的精彩鏡頭，例如：

年僅十七歲家境淸寒的田徑女選手林春愛，連獲三面金牌，震撼全國上下。

年僅十八歲的桌球選手劉南奎以三比二打敗大陸選手江加良時，歡喜若狂的神情，好像「打穿了萬里長城」。

男子跳遠選手金正一，獲金牌時，有一飛沖天之勢。

這些以汗水及淚水所交織的榮耀，一天之中，在電視播出不止十多次之多。

所謂經濟即是國力的後盾，韓國經濟發展，後來居上。不知他們是否受到鄰國日本的刺激，把體育最高、最快的飛躍精神，激發在經濟上的突飛猛進。他們的重要工業如鋼鐵、造船、機械、汽車……等已有遙遙領先之勢。我們早已不是他們競爭對手。日本美國才是他們追趕對象。他們的產品早已在國際市場扮演舉足輕重的角色。

就以跆拳道來說，在美國的跆拳道授練中，絕大部份是韓國人士。此次，參加奧運的跆拳教練，就是一名韓裔。

榮獲今年環球小姐第二名的韓國小姐，也流著汗水，在做手持聖火的跑步練習，以準備迎接即將來臨的漢城奧運。

如今象徵奧運的聖火已點燃；距一九六四年，東京奧運會，已有二十四年未在亞洲舉行。此次，第二十四屆奧運能在漢城舉行，不但是韓國人的光榮，也是全亞洲人的光榮，更是促進亞洲各國邁向開發國家的一大步。

（民國七七年九月十七日青副）

韓國人韓國事

國人常有一種錯誤觀念，以爲韓國算老幾？殊不知人家正在急起直追，大有一日千里之勢，期成爲亞洲第一。

儘管在電視上，經常有激進派學生示威活動的鏡頭；但是他們的經濟成長，並未受到影響。經過筆者這兩年旅居韓國的觀察，最主要的原因是人家民族的自尊，以及實幹苦幹的精神。

這可從每週一次電視上介紹的「海外市場」系列報導中，得到印證；他們不僅派一龐大採訪團，深入拍攝歐美各國各大廠商，公司製造成品，以及營運銷售情形，供國內商場作參考外，同時亦介紹本國各類廠商在海外拓展情形。就以三星集團中的三星電子公司，就在海外設立了六個工廠，分別打進歐洲、非洲、美國以及東南亞市場。他們的市場可以說是遍佈世界各角落的（包括無邦交國家）。

「我們做生意，也在做外交。」

這是韓國企業家的口頭禪。

講到外交，以及即將在漢城舉行的八八奧運來說，他們政府早已宣佈世界上所有國家，不分種族、宗教和意識形態，都可以參加漢城奧運，並且希望通過奧運會，對世界和平作貢獻，當然趁機提昇韓國的國際地位。

基於此，韓國的民間企業早已拿出龐大的基金，組成了漢城奧運組織委員會，期使這次奧運，成爲歷史上，最有效率、最經濟和最完美的運動會。

我曾不止一次地去參觀位於蠶室的奧運會會場。

除了可容納十萬多人的綜合運動場外，其他附設的國際新聞中心、聯合辦公大樓、奧林匹克公園均已先後興建完成。

人家辦事，效率之快，就好像喝酒一樣的乾脆，一飲而盡，絕無拖拉的情況。

我眞擔心奧林匹克公園內的露天咖啡座，這麼早就擺設起來，不怕生銹麼？

但是他們寧可未雨綢繆，也不要臨時抱拂脚。

心想，中韓兩國民族性調和一下多好。

想到地下鐵，工程進度之快，好像變魔術一樣。我常佩服他們人民「爲了大衆利益，犧牲自己的利益精神」，譬如說地面上的房舍，說拆就拆，老百姓毫無怨言。

我敢肯定說，這次奧運的順利舉行，一如兩年前（八六年）在漢城舉行的亞運一樣。

一九八六年亞運在漢城舉行之前，反對黨與學生運動，相當激烈，但是一到開會之前，大家都冷靜下來。當時，我正應聘前往某大學教書，正好躬逢亞運盛會。印象中，每天電視上除了播報運動會比賽實況外，似乎沒有別的節目了。如果是奪到金牌，一天之中，播出不下十多次，連廣告也取消了，全場歡呼之聲以及揮舞國旗的畫面，不時在螢光幕上出現。

體育對於國人健康、社會和諧、國家形象，甚至在突破外交困境上，關係至爲密切。

預料這次的奧運，將產生同樣的結果。儘管目前激進學生示威，但是在以大多數人利益的大前提下，將會團結在國家的目標之下。

體育活動往往影響一國民心士氣。據說今年八八奧運將有一百六十國家代表前往漢城參加奧運，光是記者就有四千多，到時一定有許多順道來「寶島」觀光的記者們，不知國內有關當局，是否已做好萬全之計？

人家觀光社，爲了接待參加奧運的外國遊客，已不惜耗資，培植專業人才，對於外國客，無論住、宿、交通均有優待，一切「以客爲尊」，而且各學校均已提前到八月開學，以疏散九月份大量湧入韓國的旅客。

韓國的經濟發展比我國晚起步，但是憑著他們硬幹苦幹的精神，大有後來居上之勢，以大宇集團來說，預期一九九〇年，將擁有一千名曾出國深造的科技方面的博士，來發展、研究他們的技術，以達到經濟大國的目標。期成爲亞洲第一。

曾看到大陸作家方勵之在某文說過：

「每次出國，一比對國外，說句不好的話，眞恨不得踢『中國』兩脚，覺得中國發展太慢，如果不使勁踢兩脚，炎黃子孫對不起老祖宗。」

眞是肺腑之言，這段話是針對中國大陸而言。中華民國臺灣，比起大陸，早已超過三十年，但比起正在開發中的鄰國韓國，仍須發憤圖強，勇往直前啊！

（脫稿於民國七十七年九月五日）

漫談韓國的文藝振興

旅居期間，和韓國朋友聊天時，他們常羨慕我國經濟政治安定，國民所得均富，中小企業根基穩固；這些長處都是韓國要向我們學習的，那麼，韓國又有什麼該讓我們學習的呢？這是我心中的疑問，直到我參觀了他們的文藝振興院、藝術殿堂，以及位於水原市的民俗村後，我的感覺是：韓國人那種一方面維持傳統文化；一方面走向現代化、國際化的傳承與創新的精神，是值得我們學習的地方。

原來在韓國憲法第八條規定：「國家應努力繼承，發展傳統文化，促進民族文化暢通。」因此之故，韓國政府訂有文化財產保護法，以及文化藝術振興法，並設立文藝振興院推動之。韓國文化振興院是根據韓國國會在一九七二年八月十四日制定的「文化藝術振興法」設置的。一九七三年三月三十日成立財團法人，下面分六組，分別爲文學、美術、音樂、演劇、舞蹈、出版等，其宗旨有以下數點：

1. 樹立正確的民族觀，創造民族文化藝術。

2.提昇國民的文化水準，使藝術生活化。

3.促進國際間的文化藝術交流，同時將韓國文化介紹到世界各地。

4.建立文化藝術的制度和設備。

5.挖掘傳統文化、藝術財，並重新肯定傳統文化。

6.支持並贊助純藝術創作發表活動。

7.引進外國的文化藝術，並成立資訊中心。

文藝振興院，性質類似我中華文化復興運動委員會，不過我們是「復興」運動，人家用的是「振興」。「振」字，特別有種興奮，振作的意思。這正是中韓民族大同小異的地方。目前韓國雖然用拼音文字，但是韓國中學以上學校都開有「漢文」課。有些機關行號或招牌仍夾雜著漢字，只是由於語言習慣不同，他們的用法和我們稍有差異。如：在公共場所發生意外時所用的門，我們叫「太平門」，韓國却叫「非常口」，前者溫和，含蓄著臨危不亂、安心度過的意思。而後者，照字面上看，直接地提醒你加快腳步，脫離危險，我們有句成語「飯後一支菸，快活似神仙。」他們也有類似此句子。但，是用否定語氣，大概意思是：「飯後不抽菸，就客死他鄉。」我們說「貫徹始終」，他們却說「初志一貫」。

前面提到「文藝振興院」，位於漢城鍾路區，行政大樓的西式圓頂，並非韓國傳統的。前任院長是宋志英先生，七十多歲，也是國會議員，是一位中國通，講的是一口京片子。由於對促進中韓文化交流有功，於一九八四年秋，曾榮獲我中華民國政府所頒贈的大授景星勳章，由我前駐韓大使薛毓麒頒贈，後來接宋院長的鄭漢模博士，他是漢城大學教授。過去幾年，每次在漢城舉行的「中韓作家會議」，都由鄭院長親自主持，去年我收到他寄給我的新年賀卡，上面是八八漢城奧運的標誌，可見，他們全國共同對奧運的重視。

韓國民族性很強，爲了配合八八年奧運，全國上下都在合力建設。就以文化建設來說，在漢江南岸，就以龐大的經費興建了一座名爲「藝術殿堂」的建築物，這座建築物，類似我們的國家音樂廳與歌劇院。不同的是，在兩個劇場之外設立了兩座實驗性的劇場，是用在各種現代藝術的表演。這裡除了表演以外，還包括了藝術中心和藝術圖書館。在設計上，力求合乎國際標準，可以說是傳統與現代的結合。

不可諱言地，韓國的文化脈絡源於中國，然而人家對歷史文化和古風文物之重視遠勝於我國。難得的是民間的投資，位於水原市的民俗村就是例證。

× × ×

這個民俗村，修建於一九七三年，在三十萬坪面積上，展現了兩百年前韓國獨特的傳統風物和各道的代表性房屋。這裡包括了韓國南北不同省份的建築，幢幢建築，各自成一家，別具風格，譬如：古代的大商門、官宦豪門巨宅、學堂、農民房舍、菜圃，以及五花八門的各行各業的工作坊，其中包括紡織坊、紙坊、磨坊、燒窯、鐵匠、藝工等，以灌木叢隔成的籬笆，到處可見。

民俗村中央，有圓形露天劇場，每天有固定的時間公演，節目有傳統的民俗舞，和農村音樂演奏。民俗舞包括了巫神舞、酬神祭祀舞等，臉上多戴以面具。有著太極圖的韓國傳統鼓，也到處可見。村內也展示韓國傳統迎親的方式。新郎穿著傳統的韓服，坐在小毛驢上，領著一隊人敲鑼打鼓的前往迎親。新娘接到婆家後，首先叩見公婆。到了洞房，男女相對而坐，行叩見禮，和我國大同小異。

除了民俗村外，一般名勝古蹟都整修的相當好，儘量保持其原貌，在漢城或慶州許多大的名勝古蹟內，都有指定的吸菸或休憩場所，以免損害古蹟。老的松樹，特別標明了它的年份。化妝室的入口有化妝紙自動販賣機。

說到衛生紙販賣機，在韓國相當普遍。學校、公共場所、風景遊樂區、車站等，均設有此類販賣機，非常方便。由此可知，韓國近年來經濟成長快速，生活品質也隨之提高。

再說到文藝復興的推動，他們除了保存古老之外，亦必須創造更新的。

在漢城，你可以看到數百年歷史皇宮或傳統瓦頂建築，你也可以看到十字架教堂或高聳入雲現代化大廈。你可以看到手推賣貨車，也可以看到一流的百貨公司，你可以看到傳統韓服，你也可以看到世界最最流行的名牌服飾。打開電視，你可以聽到傳統的歌謠，也可以聽到歐洲的歌劇。你可以走到傳統的茶藝館，你也可以享受到擁有歐洲情調的咖啡屋。

韓國的招牌、廣告，無論是漢字、拼音字，一律從左到右，或從上到下。展眼望去，韓國的市容乾乾淨淨、整整齊齊。當然你偶爾看到牆上掛的一些格言，是從右到左的，如「敬業樂羣」、「堆土成山」、「忠孝傳家」、「流水不腐」，甚至一些寺廟的橫匾如「洛三寺」、「海印寺」等的，是以前流傳下來的，當然不能任意更動。

在韓國，洋文是不多見的。就是英文名字也是由直譯的，很少聽說有什麼威廉張、喬治王的。像我們臺北街頭出現的K書店，韓國也有，他們叫「讀書室」。難怪某次，一位初到臺灣留學的韓籍生好奇地問我「K」字的意思，經我解釋後，才恍然大悟。其它像「麥當勞」、「肯塔基」等洋文，除非在特定地區，一般的地方不多見。

儘管美國文化沒有侵襲到他們，但是在各國語言人才的訓練與培植上，他們不遺餘力地在進行，以便將他們的文化介紹到世界各國。以翻譯及文學作品來說，就比我國做得好。韓國「文化藝術振興院」，把韓文作品譯成英、法、德等語介紹到國際文壇，已有十多年歷史，除了「文藝振興院」外，民間企業家亦大力支持，以盈餘爲基金，大量培植訓練精通各國語言的人才，旨在促進文藝交流。對於「諾貝爾獎」的爭取，是抱著「鍥而不捨」的精神。

× × ×

韓國百貨公司的服務包裝，是令人滿意的，尤其是包裝紙的精美，常令人愛不釋手，就以茶葉來說，無論雀舌茶、雪綠茶，都被裝在設計精美的茶筒內，筒上有著漢字書寫的茶名，一目了然。不像我國茶葉雖然種類繁多，並却因爲「包裝」與「設計」的不夠精細，除了烏龍茶外，一般茶罐上往往冠以「茗茶」了事。

包裝，在工商社會中，的確是一門大學問，而注重外表的韓國人，近年來，更是努力以赴，他們認爲外表，可以代表一個國家，一種身分，所以無論走到那，都可以看到打領帶著西裝的男士，而女士們打扮得都像赴宴會一樣。

如果你稍加注意，漢城的夜晚，有些高樓大廈，撤夜電燈開著，非常耀眼。之所以不惜電費，爲的是給外國人良好印象。重要的公路兩旁房舍，由政府出錢裝修，屋子油漆大紅大綠，代表著韓國鄉下農舍欣欣向榮的景氣。

奧運期間，爲了給外國人好印象，不惜鉅資，疏通河道、清除汚泥，把漢江徹底予以整治，繼而把漢江兩岸美化一番，使漢江的新臉呈現出來，可以媲美倫敦泰晤士河，巴黎塞納河。

至於街道，在奧運期間，更是打掃得整整齊齊、清清爽爽，似乎把整個城市都重新包裝了一次。而且家家戶戶全體投入，決不像我們任意佔用人行道，擺滿雜物。

韓國，古稱朝鮮，顧名思義，朝著陽光之意，象徵韓國是個向着光明、有希望的國家，也正是他們民族性很強、充滿活力的原因，最重要的是他們深以爲文化對國民生活之重要，因而有錢出錢、有力出力，上下努力維護，同心協力發揚之，不像我們有錢只管賺錢，從來沒有想到如何回饋社會，如何爲國家長遠打算！

（民國七八年一月二日青副）

書藝在韓國大行其道

韓國近年來，經濟起飛，令人刮目相看。爲了不使年輕一代趨於物質之文明而忘掉傳統的文化，政府對於傳統文化的介紹與發揚，是不遺餘力的。

這方面，肩負社會教育的大眾傳播工具，如電視、報紙，可以發生潛移默化的作用，尤其是電視，深入每個家庭，影響力相當大。多利用電視功能，做些社會性的節目，是有益於生活品質的提昇。

旅韓期間，就在電視螢光幕上，看到某月某日，舉行全國揮毫大會的廣告，隔不久，好像是在新年期間，但見男女老幼，均展開紙張，各自揮毫，什麼「梅經寒冷發清香」、「大德、必得其壽」、「忠孝是吾家至寶、詩書是士家良田」、「老吾老以及人之老」、「有朋自遠方來，不亦悅乎」等四書上的格言名句，均一一攝入鏡頭，出現在螢光幕上。從而發現儒家思想，是融合在他們生活之中的。順帶一提的是，韓國的電視台，三台之一，每逢星期一，全部播出本國文化，包括音樂、民謠、舞蹈、書藝，以及民俗工藝、歷史古跡等；而三台節目在子夜結束之後，必定播送韓國國歌，並配合他們的名山大川，氣勢雄偉，畫面感人。使我想到過去，我國的電視台，在節目結束時，也播放國歌，曾幾何時，却無聲無影；曾經也把禮運大同篇譜成歌曲在電視上播放，不知何時也沒聽到了。我倒覺得華視的「錦繡河山」節目，如能改爲「美哉中華」，並配以歌詞，則更能激發起國人的民族意識及愛國情操，這都是題外語。

再回過頭來，說人家的書藝，他們的書藝展覽，會場大都設在大飯店的大廳或地下道的通道，大都是人來人往的地方。由於是用漢字書寫，常令我佇足觀賞，留連忘返。從他們書藝的內容來看，深深發覺中、韓兩國文化同源，我隨身的記事本上就抄錄了以下的一些句子，如：「滿而不溢所以長守富也，高而不危所以長守貴也」、「一日不讀書，口生荆棘」、「堆土成山」、「讀書向學」等，我也曾在電梯內，或機關行號內，看到「思無邪」的標語。

至於東洋畫的題詩，也頗耐人尋味，如在一幅梅花圖上有這樣的題詩：「應是玉皇曾擲筆，落來地上長成花」。

在一次中韓書畫家即席揮毫的觀摩會上，我曾獲得這樣一幅字：「心清事達」，是韓名書藝家高銅柱的墨寶，雖然只寥寥四個字，却給了我很大的警惕作用，是我旅韓期間的一大收穫。（民國七八年三月六日榮光副刊）

韓國沒有鑰匙兒童

在韓執教期間，講到中國文字的形、音、義時，曾在黑板上寫了一個「好」字來說明。當我介紹完它的構造以及本義、引伸義時，一位韓籍學生充滿疑惑地舉手發問：

「老師，關於這個字的解釋，我有問題。」

「哦？是什麼呢？」

「韓國傳統的解釋是女人生了兒子，就是好的意思。」

「是嗎？那女人如果生了女兒，就不好了嗎？」我反問。

難怪韓國重男輕女的觀念，至今仍存在着。因此，他們也沒有所謂的「婦女節」。害得我旅韓期間，三八婦女節仍要上課，撈不到假。

接着我又說：

「所謂好事成雙，雙雙對對。一個男人和一個女人，匹配成了夫婦，正是『好』的人倫開始。因此，引伸爲美好的好，喜好的好。而且，照字面上看，也是男女平等的意思，絕不是傳說中女人生男子，就是好的本義！」

「啊！我明白了，那『安』字的本義，就是屋頂下一定要有女人，才是家庭安定的原因了？在我們韓國，女人在家庭中佔有相當重要的位置，我們的婦女和孩子的關係也非常密切……」

「難怪你們的兒童節時，不只是兒童放假，而是國訂假日。因爲兒童需要大人的陪伴，尤其是媽媽；這點，是值得我們向你們學習的地方。」我說。

「難道你們的兒童節，只有兒童才放假嗎？他們在家裏做什麼？」學生紛紛議論着。

在講堂上，我沉思半晌。

「是呀！兒童是需要與家人共度快樂的時光，韓國的兒童眞幸運！」

後來打聽之下，人家也沒有所謂的「鑰匙兒童」。婦女結婚生子，多半都辭去工作，以「家」爲重。他們的兒童節，訂在五月五日，主要是時值「春光明媚，鳥語花香」季節，適合全家老少踏靑。另方面，五、五正是兒童伸出雙手的數字，易於記住。這天，全國無論男女老幼，一律放假，攜帶孩子走向大自然，或烤肉，或爬山，原野充滿歡笑，一片祥和。（民國七八年四月四日中副）

中國寶物船在韓國

不久前，一位旅居法國老友，返國參加國建會，在一次餐聚中，筆者問及她對國內的觀感時，他不假思索地說：「台灣是經濟掛帥，文化却是……」她笑而不語。

「一片沙漠，」在座的賴兄接著說。

這使我們從事文化教育工作者，感慨萬千。

多年前，筆者旅居法國時，每看到我國敦煌壁畫，或唐人寫卷、被法國人視若國寶一樣，陳列在他們的博物館或圖書館中時，不禁感嘆惋惜，那些都是我們祖先留給子孫的文化財啊！竟然都流落異邦。但是一想到人家對咱們國寶維護之完好，保管之妥善時，又覺得欣慰。

提到文化資產的外流，令人痛心的是：

曾在巴黎某古董市場，發現有許多台灣歌仔戲道具，布袋戲木偶等民俗藝術品，也不知這些玩意如何流出去的？據說是法國人來台灣廉價收購，在那兒却以高價出售，大發利市，眞是替國人對自己文化資產之不重視而感惋惜！

好在，由於經濟起飛，國民所得之提高，近年來，在文建會的推動下，以及學者專家的呼籲，文化資產已漸受到重視。同時，政府也化了不少人力、財力在文化資產上的維護與發揚，譬如每年舉辦之「薪傳」獎，以提昇國人對文化藝術的肯定與認知。

但是，比起鄰國日本、韓國，我們的脚步似乎緩慢了些。

不久前，筆者曾以「韓國的文藝振興院」爲題，在青年日報副刊發表，特別強調韓國在文化資產上的維護與發揚，是不遺餘力，政府每年撥出龐大的經費。

韓國憲法第八條規定：「國家應努力繼承，發展傳統文化，促進民族文化暢通。」

基於此，韓國政府訂有文化財產保護法，以及文化藝術振興法，並於一九七三年成立文藝振興院，比我國文建會的成立早了八年。

人家不但維護自己本國的文化，對外國的，尤其是中國的文物，其重視的程度，遠勝我國。

你知道嗎？一艘中國元代的商船，將於一九九一年，陳列在韓國的海上博物館內。你將不遠千里前往韓國一睹我們中國古代商船的面貌。目前，正在積極進行船身的復原工作。

自從一九七八年，由漁民在韓國西南部的海上作業時，無意中發現這艘沉在新安海底，滿載中國瓷器的寶物船後，消息傳開，使這座擁有二十七萬人口的木浦港市，轟動一時，名聲大噪。

接著，由韓國文化財管理局負責船身殘骸及船上遺物的打撈工作，並進行船身的復原工作，已歷時十年，預定一九九一年十月完成復原的工作。其所耗費的金錢、人力不可計數，尤其可佩的是人家那種鍥而不捨的精神。

中韓兩國領土毗連，唇齒相依，自古以來在長期文化的交流與衝擊下，可以說相輔相成、交互輝映。不過，當你看到自己老祖先遺留下來的古物，被人家陳列在博物館時，一定會發出三聲無奈吧！

根據韓國考古學家以及船舶專家們的研究考證，這艘貿易船長約三十二公尺，寬約十點九公尺，高約四點五公尺，以十字隔間，分成個船艙。由此不難想像其宏偉的規模。令人驚奇的是內部的結構，相當堅固，顯示出十四世紀我國的造船技術。中國造船不知始於何時，不過從易經中的：「刳木爲舟，剡木爲楫。」可以知道初有船的時候，只是現在所謂獨木舟。一直到明朝鄭和航海的船，長四十四丈、寬十八丈，共有六十二艘，方知造船業之發達。

在韓國新安海底所發掘的元代商船，規模雖然不大，但是從船上所發現的貨品中，在木製標籤上的主人姓名、日期，可以知道那艘船是一三二三年陰曆六月，自浙江省寧波縣出發。

有趣的是，在撈出船上遺物中，夾雜些日本貨品以及日本人木屐、象棋等，推想當時有日本人從事中國、韓國的貿易活動。船上除了瓷器外，尚載有二十八噸中國鐵造的銅錢、木材，石頭以及各種貨品。對於研究東亞的貿易、中國社會的實況，提供很重要的線索。譬如木製的貨品標籤，可能就是所謂中國的通商協定制度吧？

負責這項木浦文化財保存復原中心的負責人崔光男表示：「在過去數年中，所完成的對船的結構與分析，顯示出船舶的建造非常堅固。至於沉沒的原因，至今仍是個謎，我們可以推測，那艘船是因暴風雨而罹難，也可能是其他原因而遭不幸。船上載有兩萬多件十三、四世紀的中國瓷器。

韓國人眞是喜從天降，立卽將中國寶物挖掘出來，陳列在就近的國立光州博物館。筆者於前年旅居韓國時，專程前往參觀了光州博物館。

該館竣工於一九七八年，正是中國寶物船被發現的同時，其中所陳列的瓷器，絕大部份是來自中國寶物船，據統計：青磁一萬二千三百五十九件、白磁有五千三百二十三件，黑釉五百多件，眞是令韓國人發了筆大大的文化財，這座博物館應改名爲「中國瓷器博物館」才對。

中國瓷器自海底撈出來後，就是船身的復原工作。這是他們近幾年來所努力的焦點，可以說動員了所有的專家（包括外國的），把長期沉浸在海水中的船的木片，按照原形加以拼湊。

困難的是六百多年的木片，由於纖維素完全消失，如同海綿，必須透過ＰＥＧ（聚乙烯乙二醇）的處理，以及脫鹽過程，使其堅硬，才能使船身復原不會變形。

崔光男又說：「在一九八五年，已經根據木料部份，按照一比五的比例，完成沉沒船的小模型。之後，我們又想像按一比二十的比例，製作了更小的模型，這是我們爲修復十四世紀船舶，累積技術秘訣的努力之一。」

聖經上說：「望著標竿、努力面前。」

韓國人努力研究的精神，令人欽佩，難怪他們的造船技術，超過我們。

索忍尼辛：「一個國家的國力，等於經濟、國防、精神等力量相乘，而不是相加；其中只要一環是零，最後的結果是零」，韓國在精神這方面的努力，比其經濟發展，更顯奇蹟。

就以博物館來說：除了八家國立，四家市立以外；由大學附設的就有十五家之多，此外還有私人興建的民俗、刺繡、宗教，甚至醫藥，泡菜等博物館。均可以說明文化爲國力的象徵。

古代文物，淵源流長，具有歷史傳承的意義，可以充實國民精神生活。相信，韓國的海上博物館成立後，將以陳列「中國寶物船」而光芒四射。我們期盼這艘船的復原工作早日完成，我們拭目以待。（民國七八年十月份中華文化復興月刊）

夢迴南山塔

矗立於漢城南山頂的南山塔，塔高二三六點七公尺，海拔四七九點七公尺，可以鳥瞰漢城全景及近郊；是亞洲第一高塔，和漢江對岸的「六三」大廈遙遙相對，成爲韓國兩大標誌。

在山頂平台上的八角亭，可清晰俯覽漢江及汝矣島，而漢城有名的退溪路，梨泰院，會賢洞，國家劇院，環境在南山山脚。

過去兩年旅居韓國時，我常來南山登高遠望，以解鄉愁。

去年九月，在韓國「今日之韓國」雜誌社之應邀下我參加了爲期一週在漢城世貿大廈舉行的「第五回觀光振興展」再度來到漢城，舊地重遊一番，迄今雖已數月之隔，當時情景歷歷如昨，令人難忘。

那是個夜涼如水的秋夜，在韓籍教授金鎬城夫婦的招待下，先在某日本料理亭受受了一頓鮮美的生魚，以及品嘗了慶州出產的名酒之後，由金教授驅車盤旋蜿延而上，登到南山山頂平台，之後再又乘電梯來到南山塔的瞭望台。

同行的尙有資深外交官陳雄飛大使，陳大使見多識廣，學養深厚，曾出使西歐及南美洲半世紀。六十年代先後訪問非洲國家不下十餘次。此次係應聘爲中華民國赴韓代表團的顧問，首度蒞韓，却留下深刻印象。

尤其是南山塔的夜景。

「比法國的巴黎鐵塔還要迷人！」

陳大使發出由衷的讚嘆。

巴黎的艾菲爾鐵塔，是世界上最高的鐵塔，高三百公尺，但是當陳大使登上了南山塔後，却感覺南山塔比巴黎鐵塔還高大，還雄偉，夜景比巴黎的還要美。

這話聽到金教授耳裏，眞是樂不可支，笑得嘴都合不攏。

金教授係韓國漢城教員大學（師範大學）政治學博士，曾來台北收集倫理教育資料。一口流利的中文，是自修苦讀來的。

由於他的介紹，方知南山塔的由來；據說早在朝鮮時代，在此地就設有煙台。遇事時，則放狼煙爲信號；因爲漢城市的任何角落可以看到南山！

由於南山形狀，如同倒置的飯碗，佇立山頂可俯覽四週風景，後來才在南山築了了這座南山塔。

我們隔着玻璃窗，沿着瞭望台走了一週。無論漢城的東南西北，盡入眼底。入夜後的江南江北萬家燈火，如鑽石般閃爍，一片繁華景象，三條隧道橫貫南山。漢江橋上的車燈，以及山下南北高速公路的車燈，如一條條蠕動的金黃色長龍，實在太神奇了，太迷人了。

韓國爲了舉行八八奧運，爲了提昇他們的國際地位，早在十年前就朝着「漢城世界化」，「世界漢城化」的目標邁進，不斷的大興土木，高樓大廈如雨後春筍般崛起。

猶記民國七十一年出席在漢城的「中韓作家會議」時，第一次夜遊南山塔，已被當時夜景所吸引；八年後再度來遊，簡直令人有眼花撩亂之感。除建築物的增加外，小汽車流動量相當大，從空中往下看，如同一片車海。

前任市長朴英秀曾說：「漢城的都市計劃，將因辦奧運而縮短二十年了。」此話不假，江南區整齊劃一，櫛次鱗比的二十幾層的高大公寓，就是鐵的證明！

我們不要沾沾自喜，位居四小龍之一，人家早已一日千里，邁向先進之林。

室內三百六十度的瞭望台，設置了許多座椅，供遊客俯覽風景，也有販賣土產紀念品的櫃台以及冷熱飲自動販賣機。瞭望台內有電梯通到旋轉式的咖啡座。

我們邊飲咖啡，邊欣賞夜景，邊聊天。

從金教授的談話中，我們對韓國又有了更深的瞭解。

韓國只要同一個祖先，一個血源，就像一家人一樣團結。以姓氏來說，同一姓氏的一定互相扶持。推而擴之，同一學校的校友，亦必互相提携。

韓國政府大力改革農村，近十年頗有績效，但民族傳統風俗與現代化不相抵觸，古代結婚禮俗在鄉下時有可見。

城市中雖有現代建築，但是古代建築如景福宮，秘苑，世宗會館仍保存如昔，融合了新與舊的獨特城市風格。

提到環境衛生，韓國政府做得非常澈底，就以漢江兩岸公寓來說，政規定每兩年必須重新粉刷一次，以保持清新亮麗的外觀。

為了使漢江的水，恢復昔日的清澈見底，韓政府不惜鉅資予以整治，所謂漢江奇蹟，由此而生。

陳大使來到漢城的前三天，曾參觀了奧運會、世貿大樓、百貨公司、景福宮、韓國之家。看了傳統韓國表演藝術，也坐了地下鐵。問到他對韓國的感觀，他的感受很大。

「沒想到韓國比我們更進步，他們的建築物很堅固，交通有秩序，街道整齊乾淨，市容清爽，人民守法，有禮。」

他一口氣地說，接着沉重地重覆：

「韓國能，新加坡能，我們爲甚麼不能?」

陳大使眞是觀察入微。

中韓兩國文化淵源相同，但我們對人家的瞭解，大都不夠深入，僅於皮毛，所謂「人知我者多，我知人者少。」

以此第五回觀光振興展來說，由參展的三十九個國家以及一百四十家攤位的參與來看，韓國在推展觀光事業上，是不遺餘力的。

我和陳大使在會場上，意外地收集了好幾張印刷精美的歐洲風情海報。

提到市容清爽，那是因爲韓國各公司行號的招牌廣告，大那貼牆而掛，不是伸在屋簷外。無論拚音或漢字，一律由上而下，由左而右，人名如有英譯，一定是直譯的，姓氏前冠以洋文的是絕無僅有的。

不過對於滿街韓文拚音招牌、路名，陳大使却感慨地說：

「以前每到一國，爲了尊重對方，儘量能說幾句當地國語言，如果當地語不能說，至少也可以用英語溝通。但是，到了韓國，就算拚音文字能讀，但不知其意思何在如同文盲，招牌看不懂，語言不通，在理髮廳、餐廳、甚至計程車上，由於一般人民不諳英語，比手劃脚，只好任其獅子大開口，大敲一番。」

據說，韓國政府爲了掃除觀光客及本國人在語言上的障礙，目前大力推行英語會話講習班，使有關人員定期接受訓練。

同時，大大小小國際性會議，輪番在漢城舉行。

韓國和我國同樣是資源缺乏的國家，但是人家却一日千里，直追日本，他們的精神可佩，足可以爲借鏡。

（民國八十年五月二十日中華副刊）

牛車載情・清流濯足

——菲律賓「艾絲古戴樂」農莊巡禮

結束了三天在馬尼拉大飯店舉行的第二屆亞洲華文作家會議後，開始了由主辦單位所安排的參觀活動。參觀旅遊分兩組進行。一爲碧瑤之旅；一爲馬尼拉近郊的「艾絲古戴樂」農莊VILLA ESCUDERO之旅。我參加了後項。

一早，從馬尼拉大飯店登上中型巴士，在菲律賓華文作家莊良有、林婷婷女士以及施穎洲、林忠民、葉來城諸先生的陪同下，向位於南部的「艾絲古戴樂」私人農莊出發。

車程不到一小時，途徑羅哈斯大道（此道紀念戰後第一位大總統而任命）。大道右瀕馬尼拉灣，沿岸盡是參入雲霄的椰樹，風光明媚。左爲旅館、夜總會等觀光區。馬路上隨處可見二次世界大戰時留下來的吉普車，如今已成爲民營的交通工具。

不久，車子離開城市，駛入郊區，沿途仍是又高又大的椰子樹，非律賓天然資源之豐足，由此可見。一路風光旖旎，美不勝收。我們在車上邊聊天、邊唱歌，不知不覺來到了龐大的椰林園中。這就是椰子大王艾絲古戴家族所擁有的農莊。

車子突然在一椰子葉所搭建的棚前停下。此時雖然天公不作美，下了毛毛細雨，可是棚內却有一羣熱情的男女正在唱着非律賓的民歌，歡迎我們，使我們有賓至如歸之感！

聽到他們美妙的歌聲，以及吉他的伴奏。情不自禁，使人有不知手之舞之，足之蹈之的快樂。從非律賓的民歌中，不難窺出他們那種開朗、樂天、好客的性格。使我又想到晚上所欣賞的非律賓傳統歌舞。從一些村祭、求婚的歌舞中，發現他們的一些民族舞，深受到馬來西亞、印度甚至中國的影響。同時，又發現他們的歌唱充滿着拉丁情調、西班牙風味。最令人驚嘆的是他們天賦的複音、和聲的技巧。天生的音感，一曲過耳，即能牢記的本事。譬如我們唱了一遍「梅花」，他們立刻抓住音調，演奏起來；而且也跟着我們哼了起來。音樂，實在是溝通人與人之間感情的最佳工具。

離開草棚之後，步行到一座西班牙式的古老建築。這裏珍藏了農莊第一代主人歷年所收購的，具有藝術價值的古董（如今已第四代了）。沒進入館內之前，在門口已發現幾座古老的鐘，最早的是一八七六年的，令人發思古之幽情。

一樓的各間，收藏了東西方的雕刻、珠寶、銅器、家具、服飾、獵品等，眞是包羅萬象，琳瑯滿目。

從教堂收購來的古董也不少，包括主教，神父用過的器皿、祭台、燭台、聖經等。其中好幾張主教坐過的椅子，最老的一幅耶穌畫像有四百年之久。使人嘆爲觀止的是：整個畫像以及四周的天使，全是用密密麻麻的英文所綴成的，要用放大鏡，始能看出。在好奇心的驅使下，我也用放大鏡照着看看，原來畫像上全是用英文寫的「新約全書」，眞是匠心獨運。就好像我國古時候，把聖人之道或有名的文章銘刻在牙雕上密密麻麻，必須用放大鏡始能欣賞一樣。

嚮導是位本地人，把室內所陳列的文物，如數家珍般，詳加介紹，而由精通西班牙語、英語、非語的莊良有女士譯成華文，嚮導講的話，似乎混合了西班牙語及非語。

另一大間，則是收藏了主人的獵品，包括牛、羊、鳥、猴、鹿，原來艾絲古戴樂家族都喜歡打獵，累積起來，當然是個動物標本紀念館了。另一間的玻璃樹櫃內陳列了歷代祖先們用過的服飾，其中包括了西班牙鬥牛式服及中國的旗袍。

走到底的一間，全是宋元瓷器，據說是一九五九年時，主人要建一個球場，意外地，從土中掘到瓷器，大批是陪葬用的。大都是元代的瓷，以青花、月白釉器爲主，可能出於江西景德鎮。有四百年歷史。目睹我國老祖宗的手藝，在此地大放光彩，內心也感到些許驕傲。除了瓷器外，還有些從福州來的漆器。在旁解說的莊良有研究，家中珍藏了許多古董字畫，他的一本「寫不完的信」就是紀念其父——莊萬里先生的。

從這間陳列瓷器的玻璃窗往外看，可看到有座一九三二年時所建的古老的西班牙式建築，座落在南國特有的花木草樹之中，令人神馳。

二樓則陳列了艾絲古戴三代家族的油畫像。艾絲古戴是西班牙文。曾任菲律賓的農業部長，就是第四代的唐兄，也是椰林大王。

從畫像過去是各國的咖啡匙，各式各樣精緻可愛，以及回教和非律賓的歷代服飾。其中包括了羅哈斯總統夫人所用過的非國大禮服。從這些服飾中，不難發現非律賓人的愛美天性。不知是否和熱愛音樂有關？又使我想到昨晚所欣賞的歌舞中，女舞者的長裙，配上輕紗的芭蕉袖，眞是阿娜多姿，如同嫦娥；而男女們所穿的綉花罩紗，細孔的盤絲花葉圖案，更是充滿藝術氣息。非國上下無不愛美，聽說就是總統，也不時一件花衫出現於大庭廣衆之前。

二樓其他房間，也收集了許多中國樂器、西班牙古時候家俱，包括一具木椅馬桶。此玩意似曾相識，原來在鹿港民俗村中看過，是淸朝時富貴人家用的。木椅中間挖了洞，下面有馬桶，可以坐着解手，兩邊有扶手，不知是否由我國傳到西班牙？抑不謀而合。

這位已故的椰子大王，收集的興趣，眞是廣泛！你不敢相信，另一大間陳列的是什麼？那就是舊式的留聲機，印刷機、電話、打字機等；還有壁上掛了二十二萬種的蝴蝶標本。可惜，館內的空氣調節欠佳，似乎嗅到各種文物的味道。諸如皮類、木類等，一定要保持乾燥，才不會發霉或蟲蛀，我沒有發現它有空調的設備，這情形和鹿港的民俗村一樣，不知是否由於私人收藏，限於經費來源之故？

從古董博物館出來，乘坐一輛牛車，這條牛的名字叫 POGI，譯成中文是「英俊」的意思，牠能拉動二千公斤的東西，眞是不可思議，牛車是用木板所做，上面有六排用竹做的長椅子，一排坐四人，有個塑膠棚頂，最後一排坐了農莊請來的民歌手，有彈吉他的、有唱歌的，車子四週綴有鮮花。牛車緩緩而行，頗具情調。十分鐘後，來到了一個小型水力發電廠。此水壩築於一九三七年。有趣的是壩上的瀑布流到一個平地，再又往下游流下去，平地寬闊，瀑布流下去，水僅淹及小腿，因此，在有水流過的平地上，放置了些長桌椅，桌上有瓶花，供遊客面對瀑布野餐或吃飯。我們赤足吃頓頗具情調的菲律賓飯。在旁的韓籍華文作家許世旭博士樂不可支，說，「這叫濯足吃飯，太好了，邊吃飯邊有清水從脚上流過。回去，不用洗脚了，哈！」

我說：「這叫濯足萬里流，振衣千仞岡啊！」此時大家同唱高山青。

許博士酒量甚好，在這崇山峻嶺，茂林修竹之地，又有清流激湍的大自然景色中，更是多喝幾杯了。使我體會到蘭亭集序中的「……引以爲流觴曲水，列坐其次，雖無絲竹管絃之盛，一觴一詠，亦足以暢敍幽情」的情趣。

坐在一旁的葉來城說：「在水中吃飯眞好，手髒了隨時可洗。」

突然他有所感：「唉！上一代的人（指華僑）都很節儉，節儉得手帕都捨不得用，手髒了就撕下報紙一角擦擦。」

「那麼他們把錢省下來都做什麼？」我側過頭問。

「把錢寄回老家買地，唉！早知共匪竊據大陸，還不如在菲律賓買地，這裏的地便宜，早在這裏買地，早就發財了！」

菲律賓的華僑大都做煙草的，有錢的不少，而且也做了許多慈善事業。如林忠民先生的外祖父，就曾出錢救助清寒的菲人讀書，培植了不少人才，包括了議員等政要在內。

亞洲華文作家總會會長陳紀瀅先生及劇作家吳若先生等則坐在岸上的草棚內進午餐，各得其趣。由於「牛車戴滿舊時情，清流滌足返童心」，吳若靈感一來，詩興大發，便作了七律乙首（原詩刊去年十二月十四日華副「藝文短笛」欄）。

離開了艾絲古戴樂農莊後，車又向海拔二千公尺的小火出發，一路上作詩、唱

歌，滿載友誼之情。（民國七五年六月九日中華副刊）

展示百折不撓的精神

——記麥克阿瑟在菲律賓的套房——

此次，去馬尼拉參加亞洲華文作家會議，最大的榮幸就是下榻於麥克阿瑟將軍曾於大戰期間，作為臨時總部的馬尼拉大飯店。

麥克阿瑟將軍，雖然是美國人，却和菲律賓結上不解之緣，也是菲律賓人心目中崇拜的英雄。

他於一九二二年，調任駐菲軍區司令。

一九四一年，調任遠東司令。

一九四二年奉命派爲西南太平洋最高統帥。

一九四五年二月，光復馬尼拉，結束菲律賓戰爭。

既是下榻於馬尼拉大飯店，當然要一睹這位世紀偉人的套房。

終於，我比別人幸運，抓到了這個機會。是下榻馬尼拉大飯店的第六天，也就是結束了所有開會、座談、參觀訪問等活動的最後一天。早餐時，總幹事符兆祥先生就宣佈十點半，把行李送下來，在大門口集合，前往機場，乘國泰班機到香港。這時，來自亞洲各地的作家代表們，已開始一一握手話別。氣派宏偉的大廳，一時瀰漫着濃厚的離情。

因爲離出發時間尚早，我在駐菲文經辦事處秘書張鵬萬君，及中央社特派員方鵬程君的引導下，乘電梯來到了五樓——麥克阿瑟將軍的套房參觀。

套房，不是對外開放的，鑰匙是由飯店經理所保管，在張秘書的交涉下，一位五官端莊，著了制服的女經理親自來替我們開門。靠門左側牆上掛有一個麥克阿瑟套房五七二—五七四—五七七的金木牌。

門上也有嵌金英文的麥克阿瑟字樣，（MACARTHUR SUITE），我們異口同聲地唸著「麥克阿瑟」，啊！這響亮的名字，使我們精神爲之一振，因爲他是具有胆識、具有信心的人物。

登堂入室後，立卽被典雅的佈置所吸引。

經過經理的介紹後方知道這間套房，是最近被一菲律賓首席建築師兼室內設計家連納多，羅新重新裝修和設計，而成爲一個太平洋英雄麥克阿瑟的紀念館。

原來他以前的套房，在光復馬尼拉時，由於頂樓失火，波及五樓，除了日本大正天皇所贈花瓶，尚存有碎片外，其他的書籍、紀念品全付之一炬。

如今這間新的套房擺設完全是仿舊的。

整個套房是由菲賓律豪華的桃花心木材所裝飾，在此可以俯視聞名的馬尼拉海灣。

從編號五七二到五七七的套房包括了客廳、辦公室、會議室、書房、臥房、起居室、廚房、浴室等，可以說一應俱全。目前可開放給貴賓居住，但價錢相當昂貴。

那寬敞的大客廳，安置著優雅簡潔的天鵝絨沙發。有著東方圖案的地毯上放了一個大理石茶几，和一張高靠背的皮製扶椅。

一張巨大的將軍肖像，掛在古董案桌上的壁上，軍帽下面那充滿智慧的眼神，以及飽受風霜略爲消瘦的臉龐，一套熟悉的軍服……不愧是一位堅強老兵的形象。

尤其是口銜煙斗的神情，是那麼地自豪，可以窺出他學識之宏富、經驗之充實。

使我想到小時候，曾經讀過他的一篇「與子祈禱文」，印象深刻，對年輕人有著相當大的鼓勵作用。

那堂皇的飯廳，壁上掛有一面特大的奧地利的古董鏡子，四周裝飾得相當華麗。廳內有一個模仿皇族的飯桌。桌上有兩對四支白色蠟燭，四周是畫紅色靠背椅。

辦公室有一個夠氣派的書桌，上面有抬燈，及一個插筆的架子，我情不自禁地在書桌前坐下來，過一下癮，緬想當年，麥克阿瑟在此批閱公文之情景。

會客室的四週壁上，懸掛了許多麥克阿瑟將軍生前所獲得的軍事勛章以及他與衆人所拍的一些家居的照片，很是令人神往。

小型會議室內設一橢圓形會議桌，我們三人，圍坐在會議桌，拍照留念，同時，經理也趁機敍說了麥克阿麥將軍的故事。

道格拉斯・麥克阿瑟（Douglas Macarthur）十九歲考入西點軍校。二十三歲以優異成績畢業，之後赴美軍各單位服務。一九一七年以上校階級擔任美軍第四十二師（彩虹師）參謀長，率軍赴歐，參加第一次世界大戰，獲多項獎狀、獎章，堪稱「戰事中最偉大的前線將官」。

一九一九年，麥克阿瑟出任美國西點軍校校長，一九二二年，調任駐菲軍區司令。一九三〇年，成爲美國歷史上最年輕的四星上將，時年五十餘。一九三五年起，出任菲律賓政府軍事顧問，並兼任菲軍元帥。一九四一年七月，法蘭克林。羅斯福總統任命他爲美國遠東司令。同年十二月八日，日軍突擊馬尼拉，退守巴丹島，直到一九四四年，占領新幾尼亞沿岸要點，並在呂宋島雷耶提（Leyte）登陸，一九四五年二月光復馬尼拉，結束菲律賓戰爭。

這期間，麥克阿瑟以馬尼拉大飯店爲指揮總部，他經常漫步於住所外的陽台走廊，欣賞馬尼拉海灣富有藝術色彩的日落。他也經常看着一對對熱戀中的情侶及一家大小在羅納塔公園遊玩。最難得的是，在這家飯店他看到中國第一艘快速帆船的掠過。這艘船自五天前從三藩市航行至這裏，第一天上岸，開啓了橫渡太平洋的海邊貿易。

和麥克阿瑟同時住在馬尼拉大飯店的傑出軍官就是參謀部的首領艾森豪，從一九三五年到一九四一年把馬尼拉當作自己的家。一九四一年十二月，日軍佔領菲律賓，麥克阿瑟計畫把總部移至科里幾多島。日軍進入馬尼拉時首先佔有馬尼拉大飯店，他們知道麥克阿瑟在此住過，希望在此找到一些軍事公文。然而什麼也沒有，只有私人圖書館許多軍事書籍以及獎賞，包括前日本大正天皇所贈給麥克阿瑟一對有銘刻的古銅花瓶。麥克阿瑟夫人簡美麗・賈克洛絲，把這對花瓶放置在他們套房的進口處，希望日軍看到這對花瓶的份上而不敢破壞他們的套房……。

但是，後來這間套房仍是被焚。那時候麥克阿瑟已六十五歲，這使他傷心欲絕，茫然若失……。

聽了這段與套房有關的故事，令人感嘆不已。

接著，我們又參觀臥房。臥房，可以說是古典和現代的藝術結合，接待和臥室中間隔了一個木雕的拉門。

兩間浴室的設備，都是鍍金。

因爲時間有限，要趕回房間取行李，大家在門口會合，不能細看，依依不捨離開了這個有著歷史價値的套房。這是我此次旅非期間的意外收獲。

近日，讀到一篇雷根總統弔唁「挑戰者號」羅難的全文，深爲感動，其中有句話：

「我們伸手摘星，有時不及，而受挫折，但我們應該立刻再站起，忍受創痛，勇往直前。」此言所代表百折不撓、再接再厲的精神，使我又聯想到麥克阿瑟的「與子祈禱文」，都是有著鞭策鼓勵的作用，茲抄錄全文於下：

「主啊！請使我的兒子足夠堅強，知道什麼時候他最軟弱；足夠勇敢，在他害怕時能夠自持，使他成爲一個勝不驕、敗不餒的人。請使我的兒能夠不以空想代替行動，使他認識你，同時知道認識自己是知識的基石。……」

近年來，由於經濟繁榮，加之社會結構的變遷，以致道德沉淪，暴戾橫行。許多年輕人爲物質生活所腐蝕，而無向上進取之心，而麥克阿瑟的祈禱文，眞是值得一讀再讀的好文章。（民國七五年三月十九日中華副刊）

馬尼拉瑣記

在巴士海峽上空，俯視非律賓羣島，星羅棋佈；原來它係由七千多個島嶼所組成，其中位於呂宋島的馬尼拉，更是以擁有椰樹，陽光，沙灘著稱，也是南海上，最具情調的城市。

在機上用過豐盛的午餐後，即抵達了馬尼拉機場。華僑陳瑞時先生早已在機場迎接，並向家母及我獻上由白蘭花所綴成的花環，令人立即感染到熱帶區所洋溢的熱情。

在陳君的安排下，驅車到位於市區的旅館，卸下行李後，就開始了我們的馬尼拉三日遊。

第一印象

馬尼拉的街道相當寬闊，沒有摩托車，但見私家車如過江鯽，有行不得也之感，最引人注目的是許多五顏六色、精巧花俏的吉普車，在街上行駛；原來這都是二次世界大戰所留下來的二手貨，經過改造和裝飾，已成爲當地主要交通工具。據說這個構想，最早出自於華人。

天然資料豐富的菲律賓，戰後，在美國的援助下，復元得很快，但是因爲氣候炎熱的關係，菲律賓人看起來總是無精打采，不是很勤奮的樣子，以致不少天然資源任以荒廢，未能開發。甚至滿樹的椰子都懶得去摘，最好是在躺樹下，讓椰子自動掉下來。同時，我也注意到馬路的斑馬線，爲了省事，只在馬路上橫劃兩條白線而已，其懶可知。

儘管如此，菲律賓人的愛美風氣却是很盛的，街上壁櫥之服飾，來自歐、美各國。至於手工藝品，更是琳瑯滿目。無論木彫、貝殼、草袋均設計精美，別具風格，馬尼拉街道的名稱大都是西班牙文。初來遊歷的人，不太習慣。

菲人，看上去都是悠哉游哉的，尤其在日落未落時分，許多雙雙對對的情侶早已佇立於濱海大道，等候日落時之奇妙景色。

但見火輪般的太陽，隨著水平線上的金光，緩緩地下沉，不久被鑲着金光的海水所吞噬。馬尼拉灣的海由金黃而變深紅，而變深紫，眞是氣象萬千，目不暇給。晚上在濱海的約瑟芬餐廳，享受一頓海鮮大餐，眞是終生難忘。這一帶的飯店大都是西班牙式建築，內部裝璜典雅，家家生意興隆，豪華的旅館，夜總會也都集中於此，是東南亞名聞遐邇的觀光區。

聖地牙哥古堡

這是西班牙人所築的一個古堡，二次大戰時，日本人曾利用堡內的下水牢，關了不少非人及美國人。從水牢上面的鐵欄，往下看，陰森森地，漆黑一片，令人毛骨悚然。在古堡內，最令人感動的是菲律賓的國父荷西黎薩（Jose Rizal）的紀念館。館內陳列了黎薩的畫像、文物、服飾等，以及他臨終時所留下的一首訣別詩。黎薩，是位畫家，也是位政治家、科學家。在十九紀末葉，和一羣志同道合的朋友，爲了要求獨立而起來反抗西班牙的統治，但是因爲革命沒有成功，被囚於此，也成了非律賓的英雄人物。

特別值得一提的是這首訣別詩，在位於落日大道（Roxas Boulevard Street

Jose Rizal）。

每一位來此參觀的遊客，沒有不被這首詩所感動的。

這是一八九六年十二月三十日，荷西．黎薩於馬尼拉的巴滾巴揚練兵場，在一隊西班牙士兵槍火之下處以死刑，他爲解放菲律賓人民而奉獻出三十五年的高貴生涯。

黎薩，在獄中所作的與祖國訣別詩，是暗藏在酒精壺中，並交給來做最後道別的妹妹。他的詩強烈地啓發了菲人的民族意識。

這首詩，成了菲律賓國民的至寶，小學課本中就選了這首詩，而且規定要背誦。

我也情不自禁的立在這紀念碑前，把碑上的詩抄錄了下來，可以說是首雋永而有着哲理的一首詩。

荷西．薩黎離別之詩：

「再見了，祖國！

我可愛的祖國，再見了，南國太陽懷抱裏的可愛的祖國，再見啦！

我最愛的祖國啊！是東海上的一顆珍珠，那被搶走的樂園！
爲了你，我情願奉上這悲哀的一生。
縱令你是再開朗，再年輕，裝扮得再有希望，我仍然會爲你的幸福，不惜付出我的生命。
響徹山野的叫喚，正激烈地衝着，奉獻出了多少年輕的生命，但一點也不躊躇，更沒有回顧。
死的方式，死的場所，那有選擇的餘地。
就像那柏樹的倒下，百合花的枯萎，月桂樹被折斷一樣—在絞台上，在槍列裏，在白刃下，或者是在拷問台上。
啊！呼喚母親所在的家與國時，我的生命，又有什麼可珍惜的呢？」
公園中除了黎薩的訣別詩外，還有一座黎薩的紀念銅像。

馬尼拉的中國人

只要太陽照得到的地方，就有中國人。非賓律的華僑和其他各國的中國人一樣，憑着吃苦、節儉，美德立足於社會。但是非僑，由於團結、互助、講信用、講義氣，在商業上佔有舉足輕重的地位，且掌握了非律賓的經濟；同時也做了不少慈善事業，例如救濟貧窮、建醫院、學校、養老院等，貢獻甚大。身在海外的中國人，並沒有因爲僑居國外而忘記中國固有文化，相反的，他們更珍惜的保持並延續下去，在馬尼拉有許多華僑學校，就是爲了讓華僑子弟能接受中華文化的薰陶，此外他們也十分重視孝道和倫理，以及民族精神教育。

在馬尼拉有一座佔地很大的中國城，到處可見中國文字的招牌，中文的路名，中式的建築。粵語或閩南語到處可聞，置身其中，有賓至如歸之感。除了中國商店林立外，還設有許多宗親會，同鄉會等組織。此地中國人的家族觀念很重，充份發揮了互助的力量，例如獎學金設立，貧窮老孤的救濟，同時還有排難解紛的作用。無形中，發生了安定社會的力量。

此外，每年有定期的祭祀大典，遠懷祖先。華人愼終追遠的觀念，可以說比在國內的人還要濃厚。

學生時代的我曾多次獲得鄭氏宗親會的獎學金，因此我來到馬尼拉第一件事，就拜會了鄭氏宗親會的總會，總會的大門只有一幅寫著榮陽堂的匾額，大廳的牆上掛着歷屆董事的相片，再往裏走，有一巨幅的鄭成功畫像。宗親會秘書，知道我是從台灣來的宗親，特地邀請了宗親長輩們，設晚宴以表歡迎，令我有受寵若驚之感。

華僑義山

華僑義山最初是安葬二次大戰中抗日犧牲中華義士，當我們來到一個鐫有「非華戰時特別工作總隊抗日烈士紀念碑」的前面，不禁令人肅然起敬，而以做中國人爲榮爲傲的感覺，尤其可貴的是石碑上面，由先總統　蔣公親題的「民族正氣」四個大字，正是表現了非律賓華僑的抗日精神。

中國人講究喪禮，所以連帶墓園的建築也極力舖張，後來義山墳墓的建築十分考究，各式各樣，有樓閣型，有寺院型，五花八門，無論中式西式，內部均爲現代化的設備，應有盡有，還可供人居住。家家門楣或廳堂內都題有許多匾額，對聯等以示對死者的紀念。這和美軍公墓一片白色十字架的簡單肅穆氣氛迥然不同，後者完全是「一戰功成萬骨枯」的寫照，而前者却有雖死猶存的感覺，這也許就是中西民族性的不同吧！

百勝灘

百勝灘（Pagasanjan）在馬尼拉的東南，有一百零七公里路程，車行約兩小時。

一大早，陳瑞時先生親自開車來接我們，開始向百勝灘出發。

沿途風光明媚，觸目不是高聳入雲的椰樹，就是蔗田芭蕉，因爲是自己開車，隨時渴了，就可在路邊小攤開個椰子解渴，又清又涼，暑氣全消。價錢只合臺幣五元，一人一個，就可以喝上半天了。

不久來到了目的地，入境隨俗，在登上獨木舟前，我和母親各戴一頂大草帽，接着由當地的兩位船伕，一頭一尾操作，在兩岸之間的急湍中，逆流而上。忽而進入陡尖的岩石隘道，忽而進入青葱的熱帶森林，遇到淺水，石頭露在水面，舟行不得時，着了泳褲的船伕則下到水裏，把木舟抬起，如抬轎子一般，遇到急流時，逆水而上，則見船伕費盡力氣，拚命把槳往上撐，有時得靠水中岩石的力量，眞是驚險刺激。坐獨木舟必須雙腿伸直，保持舟身平衡。

歷盡千辛萬苦，最後抵達百勝灘源頭，懸崖斷壁處，有一瀑布，嘩啦之聲，響徹山谷，有人着雨衣，改乘小船在其瀑布下穿過，到後面小黑洞去探險，驚叫之聲，此起彼落。

由瀑布再折回時，一葉輕舟，順河急速而下，令人想到「輕舟已過萬重山」的詩句，既興奮又刺激，令人畢生難忘，也眞正體會到「逆水行舟」「順水而下」的滋味。（民國七四年八月暢流半月刊）

吉隆坡五日

——兼記第三屆亞洲華文作家會議——

爲了應邀參加在馬來西亞吉隆坡所舉行的第三屆亞洲華文作家會議，我特別向在韓國執教的東亞大學，請了一個禮拜的假，四月九日從釜山飛到漢城，轉往台北，停留一宿，次日和台北的作家代表們會合，再又起程續向吉隆坡飛行。兩日之內，進進出出，由東北亞飛越東南亞，終於在亞洲華文作家總會會長，中華民國作家代表團團長陳紀瀅先生的率領下，於十日平安抵達吉隆坡，開始了爲期五天的亞洲華文作家會議，住宿開會均在聯邦大酒店。

四月十一日十時，我代表團拜會了駐馬來西亞代表殷惟良大使後，即向大會報到，領取各項資料、自由活動。

晚上，由主辦單位舉行聯誼酒會，馬來西亞藝術學院院長鍾正山應邀致詞，之後由各代表團團長介紹各團團員。來自菲律賓，泰國，馬來西亞，新加坡，日本，韓國等地代表，計七十多位，齊聚一堂，充份達到「以文會友」的目的。同時大會爲了祝賀陳會長紀瀅先生八十嵩壽，特別準備了一個大蛋糕，老、中，青三代作家高唱生日歌，并由我及符兆祥兄共同宣讀了一篇頌詞：壽星紀老係當今文壇界領袖，他從事新聞，文化工作達半世紀之久，是資深立委也是資深名作家。

四月十二日十時，「亞華」會議，在馬來西亞交通部長林良實的主持下，舉行了開幕典禮，林部長致詞說：

「——今天大多數的人都生活在一個充滿誤會，糾紛和戰爭的世界裏，而大家熱中的追求功利，已使人文精神式微。」

因此，在這個不穩定的時代裏，他認爲作家們應可積極的締造親善及傳播和平與諒解的訊息；尤其像馬來西亞這樣一個多元種族與多元化的社會，作家的作品更須有建設性的目標，以便拆除各種族間的藩籬。

林部長係「馬華公會」的主席。

作家會議籌備會主席林木海則強調：

這是一個文學盛會，純粹以「交換寫作經驗，促進文化交流」爲主題，他指出：

「作家的筆尖，應觸及國際間的各種文化，經濟制度，政治以及其他方面的內容。放眼世界，各種戰爭和糾紛，都是由於缺乏交流，缺乏諒解所造成，因此深切寄望此次與會作家代表，能夠針對「促進文化交流」的主題，提出珍貴意見。」

陳紀瀅先生則指出，「作家是宇宙的一個微粒，也是社會中堅的一份子，不能不受世界情勢的影響。」

因此，他呼籲作家們須以更高的情操去動筆，殊以影響人類思想，並引導人性趨於善良，使社會保持安和進步，在道德淪喪的今天，這份責任感更爲迫切。

馬來西亞總理哈迪也向亞華會議祝賀，并頒獻詞，說明作家對社會的知識發展，社教功能扮演了非常重要的角色。

我代表團團員翟君石（鍾雷）報告了「兩年來台灣文藝界概況」引起各代表的注意。

四月十三日，由大會主席團莊延波先生主持，上午有專題演講，及華文報副刊座談會，下午宣讀論文。

新加坡代表鍾文靈，在報告中指出新加坡的「雙語文政策」形成年輕一代會說華語，而難以運用華文的怪現象。

他說：華校學生素質每年下降，這是華僑社會感到隱憂的事，但華文報章在鼓勵與培育新讀者的努力，仍是不遺餘力。

香港代表余玉書在報告中強調：

由於經濟起飛，香港的文教事業，也相當勃興，進入八十年的香港文壇，應可擺脫「文化沙漠」之譏。

目前的香港社會，正在急速脫變，文學已慢慢回歸母體。

由於香港全是華人的社會，因此華文刊物佔了百分之九十以上，每家報紙都有副刊、篇幅內容多且雜，雖然水準不高，却是香港華文活動最龐大的一支筆隊伍，每日都進入每個華人的家庭，所起的作用實難估量。

接着由我提出一篇「如何促進亞洲地區文化交流」的論文，在文中強調中國文化已日益受到重視，研究中國文化的機構，學校普遍設立。以韓國爲例，各大學校都設有中文系的圖書館，搜羅有關中國現代文學的書籍，爲加強亞洲地區對中華民國現階段文學的認識，我國有關單位也必須主動配合，大量採購台灣出版的文藝書刊，贈送海外各大圖書館，以及擁有衆多華文作家的地區。

文中指出，要使國際人士深切瞭解華文創作情況，就須加強翻譯工作，將華文作品譯成外文，也是宣揚中華文化，增進國際瞭解的踏實途徑。

同時，各地區華人文藝團體，宜主動推廣各種文藝活動，這不僅可以促進華文作家的團結與和諧，亦可廣爲推介民族美德。

最後，呼籲作家們拿出道德勇氣，把「仁愛」的思想與感情，「倫理」的生活與信念，融合在文學創作中。

四月十四日，是亞洲華文作家會議第三天，特別通過了一項宣言，宣言中強調：

「當前的世界，由於科技的突飛猛晉，人類的物質生活日益充裕豐富；但在精神生活的層面，則隨之而日漸貧乏空虛，致使色情暴力與邪說惡行，到處充斥，腐蝕人心，危害世道，這不能不說是深使我們憂心忡忡的事實。因此，發揚中華固有的傳統優良文化，撥亂反正，拯厄救溺，實是我們亞洲華文作家責無旁貸的神聖使命。

宣言說，中華文化源遠流長，博大精深，凡身為華裔子孫，尤其是能以華文著書立說的作家們，人人都可以瞭解它的精髓奧義。

接着舉行閉幕典禮，由拿督（伯爵）林敬益主持，晚上在聯邦大酒店，舉行送別晚會，有國樂演奏、男、女高音演唱，我也應邀彈奏古箏，最後合照留念。

四月十五日，有兩項觀光活動，一是雲頂高原遊覽，另一項是馬六甲遊覽，我參加了前者。

馬六甲距吉隆坡約兩小時路程，公路平坦，兩旁皆高大橡膠園及棕油樹，一片蒼青，風景宜人。

先後參加了古城、青雲亭、寶山亭、三保山抗日烈士紀念碑等。

其中有四百年歷史的青雲亭，為馬來西亞最古老的廟宇，建於葡萄牙人統治馬六甲時。每逢初一、十五，華人善男信女，絡繹於途，前來膜拜，香火不絕。

晚上應殷大使之邀，享受了一頓豐富的海鮮大餐，其中以「火燒明蝦」，印象最深刻。

馬來西亞，是個令人懷念的地方。（脫稿於民國七七年四月底）